빅테크 기업
트렌드 2024

編集協力 武井 一巳
편집협력 다케이 가즈미

GAFAM+テスラ 帝国の存亡
(GAFAM+Tesla Teikoku no Sombo: 8160-8)
© 2023 Michiaki Tanaka
Original Japanese edition published by SHOEISHA Co.,Ltd.
Korean translation rights arranged with SHOEISHA Co.,Ltd.
in care of The English Agency (Japan) Ltd. through Danny Hong Agency
Korean translation copyright © 2024 by DONGA M&B Co., Ltd.

빅테크 기업 트렌드 2024

초판 1쇄 발행 2024년 3월 25일

지은이	다나카 미치아키
옮긴이	김지예
편집	이용혁
디자인	이재호
펴낸이	이경민
펴낸곳	㈜동아엠앤비
출판등록	2014년 3월 28일(제25100-2014-000025호)
주소	(03972) 서울특별시 마포구 월드컵북로22길 21, 2층
홈페이지	www.dongamnb.com
전화	(편집) 02-392-6901 (마케팅) 02-392-6900
팩스	02-392-6902
SNS	🅵 📷 💬
전자우편	damnb0401@naver.com
ISBN	979-11-6363-790-5 (03320)

※ 책 가격은 뒤표지에 있습니다.
※ 잘못된 책은 구입한 곳에서 바꿔 드립니다.
※ 본문에서 책 제목은 『 』, 논문, 보고서는 「 」, 잡지나 일간지 등은 《 》로 구분하였습니다.

GAFAM과 테슬라가 수놓는
미래 판도를 점치다

빅테크 기업
트렌드 2024

다나카 미치아키 지음 | 김지예 옮김

"차세대 플랫폼 시장 패권 향방은?"

기나긴 겨울잠에서 깨어나 각자의 목표를 향해 달려가는
6대 빅테크 기업과 경쟁 기업 완전 분석!

★★★★★
구글·아마존·메타·
애플·MS·테슬라의
미래를 읽다
★★★★★

★★★★★
생성형 인공지능
시장 주인공은
누가 될 것인가
★★★★★

★★★★★
GAFAM을 위협하는
BATH와 TMMD
현황 대공개
★★★★★

동아엠앤비
SE

"빅테크 기업, 쇠락인가 쇄신인가"

매년 미국 라스베이거스에서 열리는 CES에는 전 세계의 테크놀로지 기업과 자동차 제조 회사, 가전제품 제조 회사 등에서 출품된 수많은 제품이 전시됩니다. 전 세계 테크놀로지 산업을 관찰하기에도 최적화되어 있기에 2023년 1월, 3년 만에 현지로 발걸음을 옮겨 보았습니다.

그러나 실은 CES가 열리기 전부터 좋지 않은 뉴스가 퍼지고 있었습니다. 전년도부터 올해에 걸쳐 테크놀로지 산업에서는 구조조정 광풍이 휘몰아치고 있었습니다. 미국 테크놀로지 업계에서만 해도 10만 명이 넘는 사람들이 해고당했는데, 심지어 구글이나 아마존, 메타(구 페이스북)와 같은 소위 GAFAM이라고 하는 회사들에서조차 대규모 구조조정을 하고 있었습니다. 그렇기 때문에 GAFAM이 '동절기'에 접어들었다는 이야기가 조심스럽게 나오기까지 했습니다.

GAFAM이란 빅테크라고 불리는 미국 정보 산업 중에서도 가장 규모가 크고 유명한 구글(Google), 애플(Apple), 메타(Facebook), 아마존

(Amazon), 마이크로소프트(Microsoft)의 다섯 기업을 뜻합니다. 이 회사들의 이름을 들어보지 못한 사람은 아마 없을 것입니다.

이러한 GAFAM의 실적에도 그림자가 드리우기 시작했습니다. 구글의 모회사인 알파벳이나 아마존의 2022년도 매출은 전년을 상회했지만 순이익이 떨어지거나 마이너스를 기록했습니다. 그리고 이러한 실적 악화로 인해 GAFAM에서도 최근 몇 년 간 경험해 보지 못한 대규모 구조조정을 실시했습니다.

그렇다고 해서 GAFAM이 동절기에 돌입했다고 단정 지을 수는 없습니다. 기업의 가치나 규모를 평가하는 지표인 시가 총액은 GAFAM만 보더라도 6, 7조 달러에 달합니다. 일본의 모든 기업의 시가 총액을 합치면 6~7조 달러가 된다고 하니, GAFAM의 규모가 얼마나 크고 가치가 있는 기업인지 알 수 있습니다.

2023년이 되고 나서도 테크 산업에 관해 다양한 부정적인 뉴스가 연이어 보도되고 있습니다. 예를 들어 2022년 제4사분기의 전 세계 컴퓨터 출하 대수가 전년 동기 대비 27.8% 감소해 과거 최대로 하락했다는 뉴스가 보도되자 마침내 컴퓨터 시 대가 끝났다는 설명이 덧붙여졌습니다. 미국 조사 기관인 가트너에서는 2023년도의 컴퓨터, 스마트폰, 태블릿 등의 출하 대수가 2022년 실적을 밑돌 것이라고 예측하기도 했습니다.

2023년 3월에는 미국 서해안 실리콘밸리에 있는 실리콘밸리뱅크(SVB)가 경영 파산 상태가 되어 미국 연방 예금 보험 공사의 관리하에 들어갔다는 소식이 전해졌습니다. 실리콘밸리뱅크는 테크놀로지 기업에 융자를 한 것으로 잘 알려져 있으며 2008년도의 리먼브라더스 사태 다음가는 규모였기 때문에 테크놀로지 기업에 영향을 미칠 우려가 있었습니다.

실리콘밸리뱅크는 약 4만여 개 회사를 고객으로 두고 있으며, 그중 많은 수가 테크놀로지에 관련된 기업이라고 합니다. 이러한 테크놀로지 기업들은 전 세계에 있는 사람들의 일상생활에도 깊이 관계되어 있기 때문에 많은 사람들의 생활이 직접적, 간접적으로 영향을 받게 됩니다.

하지만 나쁜 뉴스만 있는 것은 아닙니다. 2022년 11월에 공개된 오픈AI의 챗GPT는 눈 깜짝할 사이에 인기를 휩쓸었습니다. 마이크로소프트 검색 서비스인 '빙(Bing)'에 이 챗GPT가 도입되면서 '검색'이 새로운 국면을 맞이하게 되었습니다. 질문을 하면 자연스러운 표현으로 대답해 주는 인공지능 챗봇의 출현은 큰 위험을 내포하고 있다는 지적도 있어서 주의할 필요가 있지만, 업무 생산성을 비약적으로 높이는 등 비즈니스 산업에 혁명을 불러일으킬 것으로 예상됩니다. 오픈AI나 마이크로소프트뿐만 아니라 구글과 아마존 그리고 테슬라를 이끌고 있는 일론 머스크조차도 생성형 AI를 활용해 특정한 서비스를 제공하려 하고 있습니다.

확실히 '동절기'라는 표현처럼 GAFAM의 실적은 계속 저하하고 있습니다. 주가도 하락세를 보이고 있으며 경제를 전반적으로 살펴보면 달러 환율 상승 영향이나 광고비 감소와 같은 마이너스 요인도 영향을 미치고 있기 때문입니다. 더 나아가 새로운 서비스나 테크놀로지 기업의 출현으로 인해 강제로 방향을 바꾸어야만 하는 기업들도 있습니다. 그 전형적인 사례로 메타를 들 수 있습니다. 젊은 사람들은 더 이상 페이스북을 사용하지 않으며 그 대신 틱톡과 같은 SNS가 유행합니다. 페이스북은 메타플랫폼으로 회사명을 바꾸면서까지 메타버스라는 새로운 분야에서 재기하기 위해 노력을 기울이고 있습니다.

이처럼 GAFAM이라는 이름으로 통틀어 부르기는 하지만 각 기업들이 지향하는 목표나 실적 그리고 경영 방침이나 사풍까지도 모두 차이가 있습니다. 그렇기 때문에 이 책에서는 GAFAM이라고 한데 묶여 있던 빅데이터 기업에 속해 있는 개별적인 회사에 초점을 맞추어 현상을 분석해 보았습니다. 현상의 긍정적인 측면과 부정적인 측면을 모두 살펴볼 뿐만 아니라, 더 나아가 향후의 전망에 대해서도 이야기해 보겠습니다. 그리고 GAFAM 5개 사에 더해 테슬라에 대해서도 분석해 보았습니다. 테슬라는 전기자동차 업체이지만 그뿐만이 아닙니다. 클린 에너지 에코 시스템을 만들어내었고 더 나아가 GAFAM에 뒤떨어지지 않는 테크놀로지를 창출하고 있는 기업입니다.

'동절기'라고 표현된 것처럼 빅테크라고 불리는 GAFAM 제국은 쇠퇴의 길에 접어든 것일까요? 아니면 강고한 신규 제국을 건립하려 하고 있는 것일까요. GAFAM에 테슬라까지 더한 여섯 기업의 현상을 분석하면 테크놀로지 업계 그리고 이와 관련 있는 다양한 업계의 현재를 이해할 수 있을 것이며 더 나아가 미래까지 내다볼 수 있을 것입니다.

2023년 6월 다나카 미치아키

4장 **메타의 대전환**

5장 **애플의 다음 타깃은 메타버스 정복**

9장   **GAFAM은 어디로 향하고 있는가?**

1장

GAFAM을 덮친
코로나 부메랑 효과

☑ 빅테크 GAFAM의 급작스런 구조조정

2023년 1월에 미국 라스베이거스에서 CES(세계가전전시회) 2023이 개최되었습니다. 세계 최대 규모의 테크놀로지 행사인 CES도 코로나19 팬데믹 때문에 2021년에는 온라인 행사만 개최되었으며 2022년에는 현장 행사와 온라인 행사가 절반씩 개최되었습니다. 저도 3년 만에 겨우 현장 행사에 참가했습니다. CES 행사 도처에서는 코로나 부메랑 효과라는 표현이 계속 언급되었습니다.

코로나 사태로 영향을 받은 것은 CES뿐만이 아니었습니다. CES에 출전한 전 세계 테크놀로지 기업들 역시 크게 영향을 받았습니다. 다만 수많은 테크놀로지 기업들에게 코로나는 '코로나 특수'라고도 불리는 상황으로 직결되었는데, 외출하지 않고 집에서 소비하는 비용이 증가하고 재택근무를 하게 된 영향으로 하드웨어 및 소프트웨어와

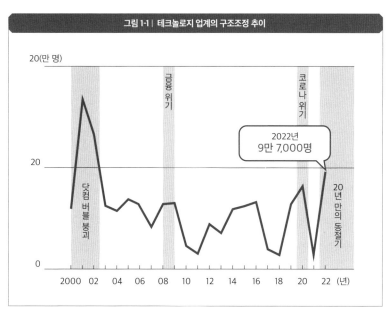

그림 1-1 | 테크놀로지 업계의 구조조정 추이

20(만 명)

금융 위기

코로나 위기

2022년
9만 7,000명

닷컴 버블 붕괴

20년 만의 동절기

20

0

2000   02   04   06   08   10   12   14   16   18   20   22 (년)

▲ 출처: 챌린저 그레이&크리스마스

온라인 서비스의 매출이 증가했기 때문이었습니다. 코로나 특수는 위드 코로나로 이행함에 따라 반동이라고도 할 수 있는 '코로나 부메랑'이 되어 돌아왔습니다. 이 점을 극단적으로 나타낸 것이 2022년 중반기부터 2023년 초에 걸친 구조조정입니다. 구글이 1만 2천 명, 마이크로소프트가 1만 1천 명, 아마존은 무려 1만 8천 명의 인원을 구조조정했습니다.

물론 코로나 부메랑 효과뿐만 아니라 경기 침체를 우려한 광고비 절감 영향이나 과대한 투자로 인한 잉여 경비, 고객 이탈과 같은 문제도 관련이 있었습니다. 하지만 2022년 미국 테크놀로지 기업에서는 도합 약 10만 명의 인재가 감축 대상이 되었습니다. 이는 전년 대비 7.5배에 달하는 수치입니다. 수익이 줄어든 상황 때문에 미국 테크놀로지 기업의 대표 격인 GAFAM에서 일제히 일시해고를 실시하는 사태가 발생한 것입니다. GAFAM 5개 사를 합쳤을 때 수익이 감소했다는 것은 1년 전까지는 생각조차 할 수 없었던 광경입니다. 경기 침체나 공급망 문제의 영향도 관련이 있겠지만, 이 상황이 세계적인 빅테크 기업인 GAFAM의 쇠락을 의미하는 단서가 될까요?

결과부터 말해 그렇지는 않습니다. 예를 들어 마이크로소프트에서는 2023년 1월에 인공지능 챗봇인 챗GPT를 자사 검색 서비스인 빙에 융합시킨 '새로운 빙' 서비스를 시작했습니다. 검색 서비스에서 항상 구글에 뒤처졌던 빙은 발 빠르게 AI를 도입하여 '타도 구글'을 목표로 격렬하게 추격하려 하고 있습니다. 결과적으로 불발로 끝났지만, 챗GPT를 개발한 오픈AI의 샘 올트먼 CEO가 퇴사 움직임을 보이자 재빠르게 영입을 시도하기까지 했습니다.

한때 인기가 있었던 SNS인 페이스북은 2021년 10월에 회사 이름을 '메타플랫폼스(Meta Platforms,Inc.)'로 변경했습니다. 메타는 이름에 걸맞게 메타버스로 대대적인 방향전환을 시도하고 있습니다. 메타버스는 컴퓨터 내에 구축된 가상공간과 그 안에서 제공되는 서비스를 가리키며, 모 조사에 따르면 메타버스의 시장 규모는 2025년에는 50조 엔, 2030년에는 무려 1천조 엔에 달하는 규모가 될 것이라고 예측하고 있습니다.

이러한 AI나 메타버스 분야에서도 빅테크인 GAFAM은 크나큰 존재감을 드러내고 있습니다. 코로나 부메랑 효과로 인한 대규모 구조조정 및 수익이 줄어들고 있는 상황에서 GAFAM의 현 상황이나 목표를 분석, 고찰, 예측하는 것은 앞으로의 세계 경제를 읽어내는 면에서 지금까지보다 더 큰 중요성을 지닌다 하겠습니다.

✅ 빅테크를 구성하는 빅파이브

GAFAM이란 원래는 뉴욕대학 스턴경영대학원의 스콧 갤러웨이 교수의 저서 『플랫폼 제국의 미래』(The Four: The Hidden DNA of Amazon, Apple, Facebook, and Google)에서 등장한 단어로, 이 책이 베스트셀러가 되면서 대중에게도 널리 퍼졌습니다.

GAFA는 Google, Apple, Facebook, Amazon이라는 네 개 회사의 이니셜을 딴 것인데, 미국에서는 GAFA라는 단어보다 '빅테크', '빅포'라는 표현을 더 자주 사용합니다. 이 단어는 문자 그대로 규모가 크고 영향력이 있으며 이름이 잘 알려져 있는 4, 5개 기업을 가리킵니다.

일반적으로는 빅포는 GAFA, 빅파이브는 GAFA에 Microsoft의 M을 더해 GAFAM이라고 부르며, 이를 통틀어 '빅테크'라고 합니다. GAFAM의 다섯 기업을 간단히 설명해 보겠습니다.

*G=Google: 구글. 세계 최대 검색 엔진이며 검색 서비스나 온라인 광고, 클라우드 컴퓨팅 더 나아가 소프트웨어 및 하드웨어 관련 사업을 하고 있는 미국을 대표하는 IT 기업. 2015년부터 알파벳(Alphabet Inc.)의 자회사가 되었기에 GAFAM의 G를 알파벳 A로 바꾸어야 한다는 의견도 있지만 일반적으로는 구글이라는 이름으로 통용되고 있다.

*A=Amazon: 아마존. 전 세계적으로 많은 사용자를 보유하고 있는 인터넷 통신 판매 기업. 처음에는 온라인 서적 판매로 시작했지만 지금은 3억 5,000만 종이 넘는 물품 라인업을 자랑한다. 소매업뿐만 아니라 프라임 비디오나 전자서적으로 대표되는 디지털 콘텐츠 판매 및 구독 서비스, 더 나아가 클라우드 컴퓨팅 서비스인 AWS(아마존 웹 서비스)를 운영하고 있다.

*F=Facebook: 2021년 10월에 '메타플랫폼스'로 회사명을 변경했기 때문에 빅파이브에서 M을 담당할 것 같지만, 이전 회사명인 페이스북의 이니셜을 차용했다. SNS 중에서도 가입자 수 29억 8,900만 명(2023년 7월 기준)을 보유하고 있는 세계 최대 규모의 SNS이며, 최근에는 메타버스 개발을 중심으로 서비스를 전개하려 하고 있다

*A=Apple: 애플. 아이폰이나 아이패드, 맥, 애플워치와 같은 하드웨어를 개발하고 판매하는 브랜드이다. 애플 뮤직이나 애플 TV, 더 나아가 애플 북스, 앱 스토어와 같은 소프트웨어도 공급한다. 디지털 콘텐츠도 판매하고 있으며 아이클라우드라는 클라우드 서비스도 제공하고 있다.

*M=Microsoft: 마이크로소프트. 세계에서 가장 이용자가 많은 컴퓨터 OS(기본 소프트웨어)인 MS윈도우를 개발, 판매하는 기업이다. 최근에는 하드웨어도 개발하고 있으며 더 나아가 MS 오피스나 브라우저 엣지, 검색 서비스인 빙, 클라우드 서비스인 애저를 운영하고 있다.

상기 다섯 기업의 이니셜을 따서 GAFAM이라고 부릅니다. 이 기업들은 모두 미국에서 시작한 세계 최고의 빅 테크놀로지 기업입니다. 전 세계 수백만 명, 때로는 수억 명의 사용자들을 대상으로 하는 규모의 서비스를 제공하고 있으며 자사 이용자들의 행동이나 사용자 데이터를 관리하는 데에도 큰 영향력을 가지고 있는 기업입니다.

현재 세계 경제의 중심이라고 할 수 있는 이커머스, 컴퓨터, 소프트웨어, 온라인 광고, 인공지능, 자율 주행 차량, 소셜 네트워크와 같은 분야에서 압도적인 능력을 자랑하는 기업이기도 합니다. 각 회사의 최대 시가 총액은 1조~3조 달러(약 1,295조 원~3,884조 원) 이상입니다. 도요타자동차의 시가 총액이 31조 엔(약 271조 원) 정도인 것을 보면 GAFAM은 자릿수가 다른 빅 테크놀로지 기업이라는 점을 잘 알 수 있을 것입니다.

✅ GAFAM의 매출

GAFAM이 얼마나 거대한 기업인지는 두말할 나위가 없겠지만, 앞서 언급한 것처럼 2023년에는 코로나 부메랑 효과로 인해 GAFAM의 실적에도 암운이 드리웠습니다.

2023년 말에는 다음 페이지의 표1-1과 같이 GAFAM 각 사의 2023년 7~9월기 실적이 발표되었습니다. 게다가 과거 4년간의 매출을 정리한 표1-2를 보면 코로나 사태에도 불구하고 모든 회사들이 순조롭게 매출을 늘려 나간 것처럼 보입니다. 이 현상은 빅테크 코로나 특수라

표1-1 | GAFAM 각 사의 2023년 7~9월기 매출과 순이익

	매출	순이익
알파벳(구글)	766억 9000만 달러	196억 8900만 달러
애플	894억 9800만 달러	229억 5600만 달러
메타(페이스북)	341억 4600만 달러	115억 8300만 달러
아마존	1430억 8300만 달러	111억 8800만 달러
마이크로소프트	565억 1700만 달러	222억 9100만 달러

고도 불립니다. 2010년경부터 테크놀로지 기업에 돈이 모이기 시작했고 그중에서도 GAFAM은 압도적으로 실적을 증가시켰습니다.

실제로 매출만 들여다보면 GAFAM 다섯 기업의 합계는 최근 4년 동안 8,000억~1조 5,000억 달러의 추이를 보이고 있습니다. 그런데 사실 각 회사의 이익을 들여다보면 2022년부터 수익이 줄어들지는 않았지만, 성장률은 떨어지고 있다는 것을 확인할 수 있습니다. 서두에 언급한 대로 이렇게 수익이 줄어드는 현상을 코로나 부메랑 효과라고 부르며, 더 나아가 동절기라고 일컫는 목소리도 등장하기 시작한 것입니다.

매출 성장률이 이러한 현상을 잘 드러냅니다. 2022년도 매출은 구글이 전년 대비 112%, 애플도 비슷하게 전년 대비 108%, 마이크로소프트가 118%, 메타의 경우에는 99%로 마이너스를 기록하고 있습니다. 이렇게 둔화한 성장률은 당연히 주가에도 영향을 미쳤습니다. 2022년에는 구글과 아마존의 주가가 20% 이상 떨어졌다고 합니다. 주가 하락과 성장률 저하 그리고 실적 침체로 인해 GAFAM이 분명 동

	2019년	2020년	2021년	2022년
표1-2 | GAFAM 각 사의 매출 추이				
알파벳(구글)	1,620	1,825	2,527	2,828
애플	2,601	2,745	3,658	3,943
메타(페이스북)	706	859	1,179	1,166
아마존	1,584	3,861	4,698	5,140
마이크로소프트	1,258	1,430	1,680	1,983

(억 달러)　　　　　　　　　　　　　　　　　　　※ 결산기말은 애플은 9월 말, 마이크로소프트는 6월 말

절기에 돌입하고 있다고 추측하는 것입니다.

물론 달러 환율이 높은 점이나 코로나 사태로 인한 광고비 감소와 같은 요인도 무시할 수는 없습니다. 실제 수치 이상으로 실적이 악화될 우려가 있으며, 게다가 그것이 주가 하락으로도 이어집니다.

GAFAM은 구글 검색 플랫폼이나 애플 하드웨어용 애플리케이션 또는 콘텐츠 플랫폼, 아마존 온라인 쇼핑몰 플랫폼 등 모두 독자적인 플랫폼을 개발해서 막대한 수익을 창출했습니다. 그러나 2020년대에 들어서면서 메타버스나 생성 AI와 같은 새로운 기술과 서비스가 출현했고, 관련 플랫폼을 만들어내는 장래의 라이벌이 될 테크놀로지 기업도 등장했습니다.

이러한 상황 속에서 스마트폰 애플리케이션 배포 및 판매에 대한 공정 거래 위원회의 규제 강화 그리고 인재 부족과 기업 문화의 변화와 같은 다양한 요인들로 인해, 거대한 덩치를 지닌 공룡들이 멸종된 것처럼 GAFAM 역시 쇠퇴, 해체되는 것은 아닐까 하는 우려가 코로나 부메랑 효과 이후에 커지고 있습니다.

✅ 전년 대비 13배나 늘어난 해고

GAFAM이 쇠퇴하기 시작한 것이 아닐까 하는 우려는 사원들을 대거 해고한 움직임에서도 살펴볼 수 있습니다. 2023년 1월 구글은 전 세계 계열사에서 1만 2,000명을 해고하겠다고 발표해 큰 화제가 되었습니다. '2주 이내에 퇴사를 결정한 경우에는 퇴직금을 더 많이 지원하겠다'라는 전자우편이 일부 사원들에게 도착했으며, 어느 날 갑자기 사원증이 인식되지 않아 회사에 들어갈 수조차 없었다고 하는 그럴싸해 보이는 이야기도 떠돌아다녔습니다.

아마존에서는 1만 8,000명의 사원을 해고할 것이라는 계획을 발표했습니다. 원래 아마존에는 2019년 말 기준 79만 8,000명의 사원이 있었습니다. 그러나 코로나19로 온라인 서비스 수요가 급증하면서 이에 대응하기 위해 인원을 늘린 결과, 2021년 말에는 160만 명으로 거의 두 배나 증가하고 말았습니다. 2022년에서 2023년에 걸친 대규모 일시해고는 이렇게 급증한 인원을 정리하고, 아마존을 적절한 규모로 유지하기 위해 필요한 조치였을 것입니다.

메타에서는 2022년 11월에 전체 사원의 13%에 해당하는 1만 1,000명을 감축하였으며, 2023년 1월에도 추가로 1만 명을 감축한다고 발표했습니다. 이 두 차례에 걸친 해고로 무려 2만 명 이상이나 되는 인원을 감축할 전망입니다.

대량 해고에는 실적 저하 외에 다른 이유들도 관련되어 있습니다. 코로나 특수로 인해 다수의 테크놀로지 기업들이 설비에 과도하게 투자했고, 많은 사원을 추가로 고용했습니다. 그러나 코로나 부메랑 효

기업	감축 인원	개요
아마존	2만 7,000명	온라인 통신 판매 분야, 스마트 스피커 분야 등에서 전체 사원의 1% 이상을 감축
구글	1만 2,000명	창업 이래 최대 규모 감축으로, 그룹 사원의 약 6%를 감축
메타	2만 2,000명	SNS 분야에서 전체의 25%에 해당하는 인원을 감축
마이크로소프트	1만 명	세계 각지에서 전체의 5%가량을 감축
애플	-	2020년에 하청 채용 담당자 100명을 해고

표1-3 | 미국 주요 테크놀로지 회사들의 대량 인원 감축

과와 인건비 급증, 그에 더해 달러 환율 급등과 광고비 감소와 같은 요인으로 인해 지나치게 많이 고용한 사원수를 줄여야만 했습니다.

구글 모회사인 알파벳의 CEO 선다 피차이는 해고로 이어진 좋지 않은 상황에 대해 "과거 2년 동안 우리는 극적인 성장을 이루었고 이에 맞춰 인재를 채용했다. 이번에 내린 인원 대폭 삭감은 모두 내게 전적인 책임이 있다."라고 공식 입장을 밝혔습니다.

메타의 마크 저커버그 CEO도 사원들에게 보낸 편지에서 "거시 경제 악화와 경쟁 심화로 인해 수익이 예상보다 훨씬 적어졌다. 이것은 내가 실패를 초래한 것이며 책임져야 한다."라고 인원 감축 이유를 설명했습니다. 저커버그는 또한 "성장을 낙관적으로 바라봤기 때문에 규모를 지나치게 확장했다."고도 말했습니다. 코로나 상황에서 안이하게도 과도한 규모로 확장을 꾀했지만 코로나 부메랑 효과로 인해 인원 정리를 할 수밖에 없었던 것입니다. 이는 비단 메타뿐만 아니라 많은 테크놀로지 기업들이 직면한 문제입니다.

빅테크를 중심으로 2022년에 테크놀로지 기업에서 해고한 사원 수는 전년 대비 13배나 증가했습니다. 그러나 이 상황이 무조건 나쁘다고는 할 수 없습니다. 왜냐하면 해고된 기술자의 80퍼센트 이상이 3개월 이내에 다시 취직했으며, 급여 수준도 해고 전과 거의 다를 바 없다는 미국 인재 서비스 회사 집리크루터의 조사 결과도 있기 때문입니다.

이러한 기술자들이 새로운 스타트업 기업이나 다른 업종에 재취직하거나 창업을 해서 빅테크와는 또 다른 새로운 테크놀로지 분야를 개척하고 있습니다. 실제로 기존 빅테크와는 다른 분야, 예를 들어 AI나 메타버스와 같은 새로운 분야가 대두되고 있으며 새로운 플랫폼 제작도 진행되고 있습니다. 테크놀로지 업계에서 인재가 순환하면 차세대의 새로운 이노베이션이 개척되고 퍼져나갈 가능성도 높아집니다.

✅ 테크놀로지를 현실에 반영하는 시대

CES 2023에서는 코로나 부메랑 효과라는 말을 여기저기서 들을 수 있었다고 서두에서 언급했습니다. 이 단어는 테크놀로지 업계의 2023년도 시작을 상징하는 것으로, CES에서는 개최된 해에 따라 각기 다른 중요한 테마를 살펴볼 수 있습니다.

예를 들어 5년 전에 개최됐던 CES 2018의 테마는 '연결되는 세상(스마트 시티)'이었습니다. 그리고 이 CES에는 구글이 처음으로 참가했습니다. 2017년에는 아마존이 소형기기나 가전, 자동차와 같은 다양한 제품과 연동이 가능한 음성인식 AI 비서 '알렉사(Alexa)'를 발표했는데 구글도 CES 2018에서 '구글 어시스턴트(Google Assistant)'를 통한 음성 대화 가전 제어 방식을 선보였습니다. 말 그대로 물체와 물체가 '연결되는 세상'을 구현해 보인 것입니다.

이듬해인 CES 2019에서는 세계 150개국에서 18만 명, 1,200군데 이상의 스타트업 기업이 참가해 디지털을 초월한 '데이터 시대'로 돌입했음을 시사했습니다. 그 주역은 5G와 자율 주행입니다. 각 회사들은 AI나 빅데이터를 활용한 서비스를 발표했고, 더 나은 데이터 가치와 활용 방법 그리고 에코 시스템을 갖춘 미래를 제시했습니다.

2020년 CES의 중요한 테마는 '데이터와 프라이버시 양립 시대'였습니다. 이 CES에서는 첫날에 열린 '소비자는 무엇을 바라는가?(What Do Consumers Want?)'라는 공개 토론회가 가장 주목을 끌었습니다. 애플과 페이스북의 개인정보보호최고책임자(CPO), 미국연방거래위원회(FTC)의 커미셔너 같은 토론자들이 등단해 사용자들에게서 수집한 방대한 개인 데이터를 어떻게 취급할 것인지 같은 문제에 대해 강연했습니다. 그때는 마침 페이스북의 개인 데이터 유출 사건이 터진 시기여서 개인정보 보호를 위한 대응을 강화해야 한다는 의견이 제기되었습니다. 이 시기부터 데이터와 개인정보를 어떻게 양립할 것인지에 대한 과제 해결에 빅테크 역시도 이견 없이 착수해야 하는 상황이 되었습니다.

2021년 CES는 2020년 초부터 시작한 코로나 사태로 개최 여부가 불투명했지만 전체 행사를 온라인화해서 개최할 수 있었으며, 약 1,700개의 기업이 참가했습니다. 2020년에 4,400개 기업이 참가한 것과 비교해 보면 크게 줄어들었지만 참가한 개개의 기업들은 그만큼 심혈을 기울여 준비했습니다.

코로나 사태는 테크놀로지 기업들이 기술을 발전시킬 기회였으며 줌(ZOOM)으로 대표되는 온라인 회의 시스템이 여럿 등장했습니다. 구글의 구글미트(Google Meet), 마이크로소프트의 팀즈(Teams), 페이스북의 메신저룸(Messenger Rooms) 등 빅테크 기업들도 모두 온라인 회의 시스템 혹은 재택근무 소프트웨어로 분야를 넓혀나갔습니다. 재택근무를 위한 컴퓨터나 주변 기기 판매 실적도 증가해 코로나 특수라고 불릴만한 상황이 되었으며, 사원들을 대거 채용하고 신규 설비에도 투자했습니다.

CES 2022에서는 교통(Transportation), 우주기술(Space Tech), 지속가능성(Sustainability Technology), 디지털헬스(Digital Health)의 네 가지 분야가 특히 주목을 끌었습니다. 교통으로는 전기자동차와 마이크로 모빌리티 솔루션을, 우주기술로는 우주 탐사 및 우주여행 등 우주에서 활용할 수 있는 기술 전반을 테마로 다루었습니다. 2022년 CES에서는 특히 대체 에너지나 스마트 시티, 스마트 홈, 푸드 테크놀로지와 같은 지속가능성을 염두에 둔 내용이 많았던 것 같습니다. 마지막으로 디지털헬스에는 웨어러블, 멘탈 어웨어니스와 같은 분야가 해당됩니다. 이 분야에서는 항상 많은 종류가 출품되지만 2022년 CES에서는 무려 417개 기업에서 전시를 했습니다.

일반적으로 CES에는 3~5년 후의 미래를 내다본 기술이나 제품이 전시되는 경우가 많지만, 최근에 열린 CES 2023의 경우 현재 진형형인 제품들을 전시하는 기업들이 증가해 테크놀로지를 현실에 적용하는 시대가 열렸음을 느낄 수 있었습니다.

핵심 포인트로는 기업용 기술혁신(Enterprise Tech Innovation), 메타버스와 웹 3.0(Metaverse/Web3.0), 교통과 모빌리티(Transportation/Mobility), 헬스 기술(Health Technology), 지속가능성과 ESG(Sustainability/ESG), 게임과 서비스(Gaming and Services) 이렇게 여섯 가지가 있습니다. 이 중에서도 특히 메타버스와 웹 3.0, 모빌리티가 중심을 이루고 있습니다. CES 2023만 놓고 보면 위의 분야에 AI를 더해 적용한 현재 진행형 기술과 제품에 주목할 필요가 있을 것입니다.

☑ 테크놀로지의 중심이 된 모빌리티

CES 2023의 테마 중 하나로 모빌리티가 있습니다. 모빌리티란 본래 이동을 의미하는 단어이지만, CES에서는 모빌리티 기업, 다시 말해 자동차 제조사의 출전이 두드러졌습니다. 여기에는 자동차 이외에 자동차를 구성하고 있는 부품이나 해당 부품의 공급망 그리고 현재 주목받고 있는 전기(EV)자동차나 자율 주행, 전기자동차를 움직이기 위한 전기 및 이를 충전하기 위한 충전소나 배터리와 같은 부품까지도 포함됩니다.

실제로 CES 2023 행사장을 둘러보니, 흡사 자동차 전시회에 온 것으로 착각할 정도였습니다. 이번에 화제가 된 것은 차세대 모빌리티의 개념으로 사용되고 있는 SDV(Software Defined Vehicle)라는 표현이었습니다. 이는 소프트웨어를 통해 자동차의 기능을 업데이트하는 것을 전제로 설계, 개발한 자동차를 가리키며, 이에 해당하는 자동차를 구매하면 그 후에도 소프트웨어를 업데이트해서 항상 새로운 기능과 서비스를 사용할 수 있습니다. 이러한 SDV가 향후 주류가 된다면 자동차에서는 하드웨어인 차체나 엔진이 아니라 이를 총괄하고 움직이는 소프트웨어가 중요해질 것입니다.

다시 말해 자동차 업체들은 하드웨어로서의 자동차를 제조하는 것이 아니라 이를 움직이기 위한 소프트웨어를 개발하고, 해당 소프트웨어로 작동하는 자동차를 설계, 개발해 나가야 할 필요성이 높아진 것입니다. 이번 CES에서 메르세데스 벤츠는 자사 부스를 통해 2023년부터 미국 전역에 EV배터리 스테이션을 설치할 것이라고 발표했습니다. 이 EV스테이션은 지금의 주유소와 같은 곳에 편의점을 완비하며 차세대 지역 커뮤니티를 목표로 할 것이라고 했습니다. 그리고 자율 주행 기능을 사용해서 운전을 하지 않아도 되는 운전자들이 레벨 3(핸들에서 손을 떼는 조건부 자율 주행)의 상황에서 어떻게 시간을 보내는지를 구체적으로 제시하기도 했습니다.

모빌리티의 중심인 자동차는 하드웨어에서 소프트웨어로 전환하려 하고 있습니다. 이를 바꾸어 말하면 어떤 면에서는 테크놀로지 기업으로 전환하는 것이라고 생각할 수도 있습니다. 그리고 자동차 업체가 테크놀로지 기업으로 전환하는 최첨단에 있는 기업은 전 세계에서 전기자동차를 제조, 판매하고 있는 테슬라입니다.

7장에서 테슬라에 대해 자세히 설명할 것인데, 테슬라는 모빌리티 기업이면서 빅테크에도 필적할 정도의 테크놀로지 기업이기도 합니다. 테슬라는 전기자동차를 중심으로 클린 에너지를 만들고, 사용하고, 축적하는 그야말로 클린 에너지 에코 시스템을 만든 기업입니다.

그래서 이 책에서는 빅테크라고 불리는 GAFAM 다섯 기업에 더해 테슬라까지 총 여섯 기업을 중점적으로 거론할 것입니다. 각 기업들이 어떤 분야에서 어떤 활동을 했고, 어떻게 발전해 나가려 하는지 그 전략을 상세하게 살펴보고자 합니다.

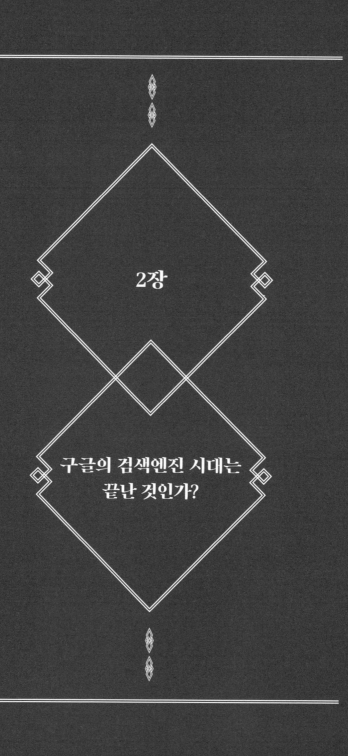

2장

구글의 검색엔진 시대는
끝난 것인가?

☑ 광고에 의존하는 구글의 위험성

많은 사람이 검색 서비스나 무료 전자우편 서비스를 위해 인터넷을 사용합니다. 이들 중 대부분이 구글이 제공하는 서비스들을 활용하고 있을 것입니다. 그뿐 아니라 현대인의 필수 아이템인 스마트폰 중에는 안드로이드 OS를 탑재한 기종이 있습니다. 이 안드로이드 OS 또한 구글에서 개발한 모바일용 오퍼레이팅 시스템이며, 안드로이드 OS 스마트폰을 사용하기 위해서는 구글에서 제공하는 G메일을 거의 필수로 사용해야 합니다.

아이폰 사용자라면 구글을 사용하지 않으리라 생각하는 사람들이 있을지 모릅니다. 그러나 글로벌 스마트폰 점유율을 보면 아이폰이 27.1%인데 비해 안드로이드가 72.27%를 차지하고 있습니다.(그림 2-1) 기타 OS를 활용하는 경우는 극소수이며 전체의 7할 이상이 구글이 제공하는 안드로이드 스마트폰을 사용하고 있는 것입니다. 다만 예외인 나라도 있습니다. 미국에서는 안드로이드가 42.61%, 애플이 57.06%로 거의 절반씩 나뉘어 있습니다. 일본은 더욱 극단적인데 안드로이드가 31.39%, 애플이 68.5%로 세계와는 정반대의 결과를 보이고 있습니다.

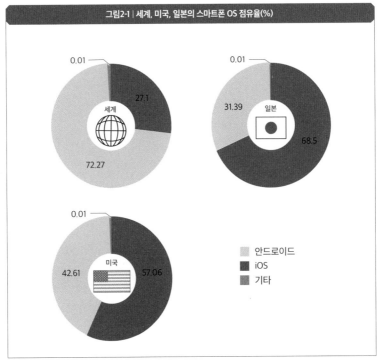

▲ 출처: 스탯카운터

어찌되었든 전 세계에서 가장 많이 활용되고 있는 스마트폰용 OS는 구글에서 개발, 배포하고 있는 안드로이드입니다. 원래 안드로이드

OS는 안드로이드사가 개발한 것으로 이를 2005년에 구글이 매수해, 2007년에 구글을 중심으로 미국 퀄컴, 통신사 메이저 기업인 T 모바일 등의 기업과 함께 표준화 단체를 설립하고 스마트폰용 OS로 발표했습니다. 그렇기 때문에 안드로이드 자체는 저작권의 일부를 포기한 오픈소스 소프트웨어로 배포되고 있습니다.

구글은 때때로 이렇게 기업을 매수하여 성장해 왔습니다. 예를 들어 유튜브를 생각해 볼 수 있습니다. 지금이야 동영상 업로드 사이트라고 하면 가장 먼저 유튜브를 떠올리지만, 사실 유튜브는 2005년에 스타트업 기업으로 시작한 작은 회사였습니다. 이를 2006년에 구글에서 매수했고, 이후 구글 산하의 동영상 업로드 플랫폼으로 현재 약 25억 명이 넘는 사용자를 확보하고 있습니다.

검색 서비스부터 전자 메일, 혹은 스마트폰 OS나 스마트폰 그 자체, 유튜브, 온라인 저장소, 더 나아가서 전자 서적이나 비디오와 같은 콘텐츠를 판매하는 등 구글에서 운영하고 있는 업무와 제공하고 있는

표2-1	구글 10~12월기 매출 내역(백만 달러)		
	2021년(10~12월기)	2022년(10~12월기)
검색과 기타 광고	43,301	42,604
유튜브 광고	8,633	7,963
네트워크	9,305	8,475
기타 서비스	8,161	8,796
합계	69,400	67,838

▲ 출처: 알파벳

서비스는 매우 다양합니다.

그러나 구글의 뼈대, 다시 말해 중심이 되는 매출은 광고 사업입니다. 이 점은 매년 발표하는 구글 포트폴리오에서도 확인할 수 있습니다. 표2-1을 보면 알 수 있듯이 구글 매출에서 가장 큰 비율을 차지하고 있는 것은 검색 서비스에서 표시되는 광고입니다. 유튜브에서 표시하는 광고나 기타 네트워크 서비스에서 표시하는 광고까지 포함하면 2022년 10~12월기 전체의 78%를 광고 수익이 차지하고 있습니다.

표에는 2022년 말 매출 내역에 더해 2021년 매출 내역도 기재해 두었는데, 광고 수익이 전체 매출에서 차지하는 비율이 아주 근소하게 하락했습니다. 이 점은 코로나 사태로 인한 경기 침체로 기업의 인터넷 광고 예산이 줄어들었기 때문일 것이라 예상됩니다. 마찬가지로 검색뿐 아니라 유튜브 광고 수입도 줄어들었습니다.

전체 매출 중에서 8할 가까이를 광고 수입에 의존하고 있는 구글은 경기가 침체되면 그 영향을 직격으로 받을 위험성을 안고 있습니다. 실제로 2022년 알파벳의 매출을 살펴보면 전년 대비 증가율이 최근의 높은 성장률과는 대조적으로 9.8%에 그쳤습니다.

✅ 챗GPT의 대항마 대화형 AI '제미니'

구글이라고 하면 검색 서비스를 제공하는 기업이라고 생각하는 사용자들도 많이 있습니다. 실제로 인터넷에서 어떤 정보를 검색하는 것을 '구글링한다'라고 표현하는 경우도 있습니다. 영어 사전인 '웹스터 사전' 최신판에도 'Google'이라는 색인이 있으며, '구글의 검색 엔진을 사용해서 인터넷에서 정보를 입수하는 것을 의미하는 타동사'라고 정의되어 있을 정도입니다. 이러한 구글 검색 엔진에서 정보를 검색하면 결과와 함께 광고가 표시됩니다. 바로 이 광고가 구글의 막대한 수입원 중 하나입니다.

인터넷 검색 엔진에는 구글 외에도 마이크로소프트의 빙, 덕덕고(DuckDuckGo) 등이 있으며 최근에는 X(구 트위터)나 인스타그램, 틱톡 같은 SNS를 구글 대신 검색에 활용하는 사용자들도 증가하고 있습니다.

그런데 챗GPT가 출현하면서 해당 분야에서 격변이 일어나려 하고 있습니다. 챗GPT란 인공지능형 챗봇, 다시 말해 사용자의 질문에 AI를 사용해서 자동적으로 답변을 제시하는 자동 응답 서비스를 의미합니다. 이 챗GPT는 '대화형 AI'라고 불리기도 합니다. 챗GPT는 2022년 11월에 오픈AI사에서 서비스를 시작했습니다. 서비스 시작 이후 겨우 1주일 만에 사용자 수가 100만 명을 돌파했고, 그 후 2개월 동안 월간 사용자 수가 1억 명을 돌파하는 경이적인 붐을 일으켰습니다. 챗GPT는 현재 월간 방문자 수 15억 명 이상의 세계 톱20 사이트 중 하나로 성장했습니다.

마이크로소프트에서 제공하는 검색 서비스 빙은 2023년 2월에 챗GPT를 탑재해서 '새로운 빙'으로 서비스를 시작했습니다. 새로운 빙은 마이크로소프트 웹 브라우저 엣지에서만 사용할 수 있으며, 검색을 하면 일반적인 검색 결과와 함께 챗GPT를 활용한 자동 응답이 표시됩니다. 챗GPT를 별도로 이용하지 않더라도 빙을 사용하면 검색과 AI 대화를 모두 이용할 수 있는 것입니다. 대화형 AI를 탑재한 새로운 빙이 등장하면서, 무엇인가를 검색하려 할 때는 빙만 사용하면 충분하다는 사용자들까지도 등장했습니다. 챗GPT에 대해서는 6장에서 상세히 다뤄 보겠습니다. 이렇게 빙에서 대화형 AI를 탑재하면서 구글에도 큰 변화가 일어나게 되었습니다.

인터넷 검색 분야에서는 지금까지 구글에서 압도적인 점유율을 확보하고 있었습니다. 인터넷상의 다양한 웹 트래픽을 해석하는 스탯 카운터(StatCounter)에 따르면 2023년 3월 기준 검색 엔진 점유율은 구글이 전체의 93.3%로 압도적이며, 뒤이어 빙이 2.81%, 바이두(Baidu)가 0.45%를 점유하고 있습니다.(그림2-2)

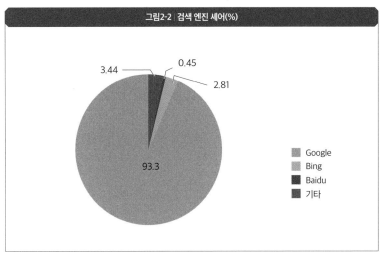

▲ 출처: 스탯카운터

그런데 새로운 빙이 등장하면서 구글이 독점하던 곳을 침범하려 하고 있습니다. 새로운 빙은 이제 막 출시되었고 성장률이 아직 수치로 표현되지 않지만 구글의 뒤만 따라가던 빙이 향후 언젠가는 구글의 셰어를 빼앗기 시작하는 모습도 예상해 볼 수 있게 되었습니다. 물론 구글도 손을 놓고 있을 수만은 없습니다. 2023년 3월 말에 구글은 대화형 AI 서비스 '바드(Bard, 음유시인이라는 의미)'를 미국과 영국에서 대중에게 공개했습니다. 바드는 구글 검색과 연동하는 기능도 있고, 여러 개의 대답 후보군을 보여주기도 합니다.(그림2-3)

게다가 구글은 자체적으로 매년 개최하는 개발자 지향 콘퍼런스 '구글 I/O'에서 바드 서비스를 한국어를 포함한 40개 이상의 언어로 제공할 것이라고 2023년 5월 발표했습니다. 그리고 해당 발표 직후 한국어로도 바드를 이용할 수 있게 되었으며 2024년 2월부터 제미니(Gemini)로 리브랜딩되어 서비스 중입니다.

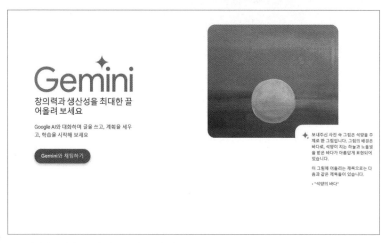

그림2-3 | 구글 '제미니' 화면

● AI 재미니와 채팅을 통해 정보를 얻을 수 있다　　　　　　　　　© Google

사실 구글이 제미니를 한동안 공개하지 않은 데에는 중요한 이유가 있을 것이라고 생각됩니다. 이 점은 챗GPT나 새로운 빙을 활용해본 적이 있는 사용자라면 이해할 수 있을 것입니다. 검색창에 질문이나 요청 사항을 입력하면 챗GPT가 데이터베이스에서 검색을 하고, 적합한 대답을 표시해 줍니다. 혹은 새로운 빙의 경우에는 챗GPT의 데이터베이스와 함께 인터넷상의 정보를 검색해서 사용자의 질문에 가장 적합한 결과를 표시해 줍니다. 대화형 AI이니만큼 답변 위에 부가적인 질문도 표시되며, 이 질문을 차례로 클릭해 나가기만 하면 꽤 정확한 답변을 얻을 수 있습니다.

구글 검색에 이와 비슷한 대화형 AI를 탑재한다면 어떻게 될까요. 지금까지는 검색을 한 다음 그에 적합한 사이트나 광고를 클릭하는 방식으로 사용자가 원하는 사이트를 방문할 수 있었습니다. 그러나 대화형 AI에서는 사용자가 광고를 클릭하지 않아도 대답을 얻을 수 있게 되는 것입니다. 광고 수입에 의존하던 구글에게 있어 이러한 방식은 수익의 중심인 광고 수입에 막대한 영향을 끼치게 됩니다. 혹시 이러한 이유 때문에 검색에 대화형 AI를 도입하는 방식을 주저했던 것은 아닐까요. 그러나 챗GPT나 새로운 빙의 동향 때문에 혹은 AI 시대가 도래할 것임을 내다본 결과, 구글에서도 조속히 대화형 AI 제미니를 도입하기로 결단을 내린 것 같습니다.

아주 잠깐 뒤처지기만 해도 선발 주자가 이익을 모두 가져가 버릴 수 있다는 사실을 구글에서도 충분히 알고 있을 것입니다. 구글이라면 이 문제를 어떻게든 해결하고 대화형 AI를 적절히 활용하는 새로운 검색 서비스를 제공할 것이라 생각합니다.

✅ 검색 엔진에서 AI로

구글이 서비스를 시작한 제미니는 앞서 언급한 것처럼 챗GPT나 마이크로소프트의 새로운 빙에 대항하는 인공지능 챗봇, 혹은 대화형 AI입니다. 빙은 챗GPT를 검색에 도입했기 때문에 사실상 챗GPT와 같다고 할 수 있습니다.

그런데 제미니는 구글에서 자체 개발한 AI 채팅 기능입니다. 구글에 따르면 이 서비스에는 구글이 개발한 대규모 언어 모델 '람다(LaMDA)'가 사용되었다고 합니다. 그리고 새로운 언어 모델인 '팜2(PaLM2)'도 발표했습니다. 팜2는 100개 이상의 언어에 대응하며 25개 제품에 탑재될 것으로 예상하고 있습니다. 그리고 제미니에도 2023년 5월에 팜2 모델이 탑재되어 서비스 중입니다.

구글이라는 기업은 원래 스탠퍼드대학 박사 과정에 재적 중이던 래리 페이지와 세르게이 브린이 1998년에 캘리포니아주 멘로파크에 설립한 회사입니다. 두 사람이 개발한 검색 엔진 '백럽(BackRub)'을 대단히 마음에 들어한 썬마이크로시스템즈(이후 오라클에서 매수함)의 공동 창업자 앤디 벡톨샤임이 10만 달러의 자금을 지원해 설립되었습니다.

그 당시 검색 엔진은 래리, 세르게이와 마찬가지로 스탠퍼드대학에 재학 중이었던 제리 양과 데이비드 파일로가 1994년에 설립한 야후(Yahoo!)와 알타비스타(Alta Vista)가 인기를 끌고 있었습니다. 이때 혜성처럼 등장한 구글은 검색 결과를 신속하게 도출하였기 때문에 순식간에 가장 인기 있는 검색 엔진이 되었습니다. 텍스트뿐만 아니라 사진이나 지도 검색, 혹은 애드워즈(AdWords)라는 광고 서비스와 같이 검색에 관련된 다양한 서비스를 연이어 제공하면서 단기간에 온라인 기업 중에서도 괄목할 만한 존재감을 보였습니다.

구글 경영 이념에는 '전 세계에 있는 정보를 정리하고 세계 각지에 있는 사람들이 접속하고 사용할 수 있게 하는 것'이라는 문구가 적혀 있습니다. 구글은 이 이념대로 2004년에는 지도 검색을 할 수 있는 구글맵 서비스를 제공하기 시작했습니다. 2007년에는 스트리트뷰 서비스를 공개해, 주요 도시들은 마치 실제로 도시를 걷고 있는 것처럼 풍경을 볼 수 있게 되었습니다.

2006년에는 동영상 공유 사이트인 유튜브를 매수했고 구글 앱스를 제공하기 시작했습니다. 구글 앱스는 구글이 제공하는 서비스, 예를 들어 G메일이나 캘린더, 구글 문서 도구와 같은 애플리케이션을 독자적인 도메인으로 이용할 수 있게 한 것으로 구글이 제공하는 본격적인 클라우드 서비스라고도 할 수 있습니다.

본업인 검색 서비스에서는 2005년부터 '개인별 맞춤 검색'을 시작했습니다. 이는 검색 결과를 사용자들에게 적합하게 커스터마이징한 결과를 자동으로 표시하는 기능인데, 실제로는 이 기능을 통해 사용자가 과거에 조사한 검색어나 열람한 사이트, 클릭한 링크, 사용자가 거주하는 지역과 같은 데이터를 구글에서 수집하고 축적할 수 있게 되었습니다.

이 시점부터 구글은 전 세계에 있는 사용자들의 막대한 데이터, 빅데이터를 취득하고 축적할 수 있게 되었으며 이 데이터를 AI가 분석하는 방법으로 최적화 정도를 계속 향상시켰습니다. 2016년 4월에 구글은 '모바일 퍼스트에서 AI 퍼스트로' 경영 방침을 변경했습니다.

스마트폰을 메인으로 한 모바일을 중시하던 방침에서 AI를 중시하도록 수정한 것입니다.

이렇게 시작된 것이 음성 인식 AI 구글 어시스턴트를 탑재한 스마트 스피커 '구글홈(Google Home)'입니다. 사실 구글은 일찍이 AI를 개발하고 활용하는 데 착수했으며, 전 세계에서 우수한 연구자를 좋은 조건으로 모집한 '구글 브레인'이라는 세계 최고 클래스의 연구 조직을 보유하고 있습니다. 이러한 조직과 연구를 통해 구글은 AI 분야에서 세계 최고의 기업이 되었습니다.

본업인 검색 서비스에서도 물론 해당 AI 기술을 구사할 수 있다고 충분히 예측할 수 있습니다. 그리고 이렇게 해서 '제미니'로 이어지게 되었을 것입니다. AI 기술은 자율 주행에 빼놓을 수 없는 기술이며 구글이 가지고 있는 방대한 지도 정보 역시 자율 주행에 빼놓을 수 없는 데이터이기 때문에, 구글은 이러한 측면에서도 GAFAM 중에서 두각을 드러내는 뛰어난 기업이라고 생각해도 좋을 것입니다.

☑ 미국 사법부에 제소당한 구글

'모난 돌이 정 맞는다'라는 말은 세계적으로 통용되는 표현입니다. 창업 때부터 압도적인 속도를 자랑한 검색 엔진이나 구글 앱스와 같은 본격적인 클라우드 서비스 그리고 애드워즈와 같은 광고 서비스 등 좋게든 나쁘게든 구글은 탄생한 시점부터 테크놀로지 업계에서 '모난 돌'이 되었습니다.

이 튀어나온 돌이 정을 맞게 된 것은 2023년 1월 미국 사법부가 구글을 제소하면서 시작되었습니다. 미국 사법부는 구글이 디지털 광고에서 지배력을 행사하여 반독점법에 저촉한다고 제소했습니다. 그리고 더 나아가 구글 광고 관리 플랫폼 일부를 매각하도록 명령했습니다. 반독점법이란 독점을 규제하기 위한 법인데, 구글이 디지털 광고 분야에서 독점적으로 비즈니스를 하고 있을 가능성이 있기 때문에 온라인 광고의 일부를 분리하라는 내용이었습니다.

구글이 창출하는 이익의 근간은 광고 사업입니다. 이 제소의 재판 행방에 따라서는 구글 비즈니스 모델의 근간을 뒤흔들 수 있는 사태가 벌어질 가능성도 있었습니다. 너무 두드러지게 튀어나온 돌이어서 정을 맞았다고 표현한다면 지나칠 수도 있겠지만 실제로 구글뿐만 아니라 GAFAM은 창출하는 이익과 사용자 수, 축적하는 데이터양으로 전 세계에서 다양한 문제를 야기하고 있습니다.

구글이 제소된 것은 이번이 처음이 아닙니다. 구글은 2020년에도 독점 금지법 위반에 대한 의혹이 제기되어 사법부에서 제소한 적이 있습니다. 이때 문제가 된 것은 애플 표준 브라우저인 사파리의 디폴트 검색 엔진으로 구글을 설정하게 하기 위해 거액의 자금을 전달했기 때문이었습니다.

구글이 제소당한 것은 미국 내에서만이 아닙니다. 2019년에는 유럽 연합(EU)에서 5천만 유로의 벌금을 부과했습니다. 그 이유는 EU의 일반 데이터 보호 규제(GDPR)를 위반했기 때문이었습니다. GDPR(General Data Protection Regulation)이란 '유럽 일반 데이터 보호 규제'라고 하는 것으로, EU 가맹 28개국과 노르웨이, 아이슬란드, 리히텐슈

타인 이렇게 3개국을 포함하는 유럽 경제 영역에서 2018년에 시행한 규제입니다.(표2-2) 해당 규제는 EU 내의 모든 개인정보 데이터 보호를 강화하고, EU 밖으로 개인정보가 유출되는 것을 규제합니다. 2021년 7월에는 아마존에도 해당 GDPR을 위반한 혐의로 7억 4,600만 유로 (약 1조 596억 원)나 되는 벌금이 부과되었습니다.

GDPR 규제는 시행 당초부터 GAFAM과 같은 거대 IT 기업을 저

	표2-2	GDPR 기본적 개념	

개념	설명	예시

개인
데이터
	식별된 또는 식별할 수 있는
	자연인(데이터 주체)에 관한 모든 정보
		• 자연인의 성명
		• 식별 번호
		• 메일 주소
		• 온라인 식별자(IP 주소, 쿠키 식별자)
		• 신체적, 생리학적, 유전자적, 정신적,
		  경제적, 문화적, 사회적 고유성에
		  관한 요인

처리	자동적인 수단인지 아닌지에 관계없이
	개인 데이터 또는 개인 데이터 수집에
	대해 행해지는 모든 단일 작업 또는
	일련의 작업
		• 신용카드 정보 보관
		• 메일 주소 수집
		• 고객 연락처 세부 사항 변경
		• 고객 성명 공시
		• 상사가 사원 업무 평가를 열람
		• 데이터가 주체인 온라인 식별자 삭제
		• 전체 사원의 성명과 회사 내부 직무,
		  사무실 주소, 사진을 포함한 리스트
		  작성

이전	GDPR에는 정의되어 있지 않음. 굳이
	정의하자면 EEA 영역 외의 제삼국
	제삼자에 대해 개인 데이터를 열람
	가능하게 하기 위한 모든 행위
		• 개인 데이터를 포함한 전자 형식
		  문서를 전자 메일로 EEA 영역에
		  송부하는 것은 '이전'에 해당함

▲ 출처: 일본 무역 진흥 기구(제트로) 해외 조사부 유럽 러시아 CIS과 「EU 일반 데이터 보호 규제(GDPR)'에 관한 실무 핸드북(입문 편)」
URL: https://www.jetro.go.jp/ext_images/Reports/01/dcfcebc8265a8943/20160084.pdf

격한 것이라는 그럴듯한 소문이 퍼져나갔습니다. 깊이 생각해 볼 것도 없이 빅테크 또는 GAFAM은 모두 미국에서 시작한 기업이며, 글로벌로 진출해 전 세계 시장을 대상으로 이익을 창출하고 있습니다. GAFAM 내부에 혹은 빅테크 내부에 EU가 발상지인 기업이 한 곳이라도 포함되어 있었다면 GDPR에서도 보다 온화한 태도를 취했을지 모릅니다. 하지만 원래라면 자신들이 확보했어야 할 사용자 정보와 이익을 미국이 발상지인 기업에 뿌리째 빼앗겨버렸다는 현 상황에 큰 위기감을 느낀 것이 아닐까요.

이번에 미국 사법부가 구글을 제소한 건의 소장을 살펴보면 버지니아주, 캘리포니아주, 콜로라도주 등 여덟 개의 주가 관련되어 있습니다. 재판 결과에 따라서는 향후 구글의 활동이 영향을 받을 수 있습니다.

✅ 생성 AI 패권 경쟁의 시작

구글과 사법기관의 분쟁은 최근에 시작된 것이 아닙니다. 오랜 기간 동안 구글은 다양한 형태로 사법기관이나 유럽 위원회와 다툼을 벌여왔습니다. 단, 이번 제소에서는 사법기관과 함께 여덟 군데 주가 관련되어 있기 때문에 지금까지의 분쟁과는 양상을 달리합니다. 더나아가 마이크로소프트의 새로운 빙이 챗GPT 기능을 탑재하고 있다는 것이나 오리지널 챗GPT가 큰 주목을 끌고 있다는 점도 구글이 검색을 지배하는 상황의 행방에 변화를 가져오려 하고 있습니다.

대화형 AI의 등장은 검색 엔진에도 막대한 영향을 미칠 수 있습니다. 예를 들어 초밥이 맛있는 가게를 검색하려고 할 때, 지금까지는 지역 이름이나 요리 이름을 키워드로 해서 검색을 했습니다. 그러나 검색에 대화형 AI가 도입되어 있는 경우라면 '롯폰기에서 부담 없이 먹을 수 있는 맛있는 초밥집을 찾아줘'라고 명령하면 AI가 자동으로 가게를 선정하고, 더 나아가 예산에 맞춘 메뉴를 표시해 주며, 가게까지 가는 경로도 표시해 주게 될 것입니다. 또한 가게에 방문할 날짜를 지정하면 일시에 맞춰 자동으로 가게에 예약을 해주게 될 수도 있습니다. 그리고 실제로 그러한 대화형 AI용 플러그인이 발표되고 있습니다.

대화형 AI는 텍스트로 AI와 대화를 하는 것인데, 실제로는 이미 이미지를 작성하거나 음성으로 대화할 수 있는 AI도 출시되고 있습니다. 구글 검색에서는 키워드를 입력해서 사이트를 검색하는 기능 외에도 키워드를 지정해서 이미지를 검색하거나 스마트폰으로 사진을 업로드해서 사진에 찍혀 있는 물체의 이름이나 인물을 검색하는 기능도 있습니다.

이와 유사한 기능에도 AI를 활용하게 될 것입니다. 이미 마이크로소프트에서는 새로운 빙에 이어 '빙 이미지 크리에이터(Bing Image Creator)'를 공개했습니다.(그림2-4) 빙 이미지 크리에이터에서는 키워드나 설명을 입력하기만 하면 해당 키워드에 부합하는 이미지를 자동으로 만들어서 보여줍니다.

이러한 AI를 '생성형 AI(Generative AI)'라고 부르는데, AI를 활용해 문장과 이미지, 음성, 프로그램 코드와 같은 다양한 콘텐츠를 생성할 수

그림2-4 | Bing Image Creator

● 키워드나 설명을 입력하기만 하면 해당 키워드에 부합하는 이미지를 제작해 준다   © Microsoft

있습니다. 더 나아가 마이크로소프트는 워드나 엑셀, 파워 포인트와 같은 오피스 프로그램에도 AI '코파일럿(Copilot, 부조종사)'을 탑재할 것을 발표했습니다.

　초기에는 엣지에서만 사용할 수 있었지만 2023년 8월에는 다른 모든 웹브라우저에서 접근이 가능하도록 바뀌었으며, 12월부터는 아예 빙 챗을 '마이크로소프트 코파일럿'으로 이름을 바꿔 리브랜딩하였습니다.

　구글에도 이와 마찬가지로 워드나 엑셀, 파워포인트와 호환되는 구글 도큐먼트라는 서비스가 있습니다. 마이크로소프트가 코파일럿을 탑재하자 이에 대항하기 위해 구글에서는 구글 도큐먼트나 G메일에 생성형 AI를 탑재할 것이라고 발표했습니다.

그림2-5 | 새로운 빙

● 빙 전체 서비스의 일일 사용자는 공개 한 달만에 1억 명을 돌파하기에 이르렀다   © Microsoft

이 발표와 더불어 구글은 검색 결과에 생성형 AI의 답변을 보여주는 '서치 제너레이티브 익스피리언스(SGE)'를 도입했고, 앞서 언급한 것처럼 대화형 AI 바드를 제미니로 업데이트하며 기능을 강화했습니다.

생성형 AI는 이제 몇 개의 서비스를 시작했을 뿐입니다. 생성형 AI 플랫폼을 장악하기 위해 마이크로소프트와 구글의 격렬한 패권 다툼이 시작되었습니다. 이 플랫폼을 장악하면 앞으로의 검색 엔진 점유율이 크게 달라질 것이며, 검색 엔진이 가져오는 막대한 광고 수익 배분에도 영향을 미칠 것입니다.

구글은 매출의 8할 가까이를 광고에 의존하는 비즈니스 모델이며, 제미니를 포함한 생성형 AI 관련 서비스 수익화도 광고에 의존할 수밖에 없는 상황입니다. 클라우드와 오피스 제품과 같은 수요가 꾸준한 수익원을 가진 마이크로소프트와 비교하면 구글은 명백히 열세에 있습니다.

생성형 AI를 포함한 유료 서비스로 어디까지 매출을 늘릴 수 있을 것인지가 향후 구글과 관련된 중요한 포인트일 것입니다. 기존 서비스와 생성형 AI를 어떻게 조합할 것인지, 당분간은 구글의 행보에서 눈을 뗄 수 없는 상황입니다.

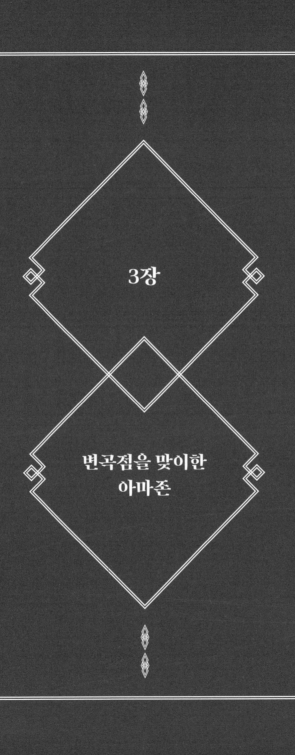

3장

변곡점을 맞이한
아마존

☑ 실적 저하를 불러온 '세 가지 요소'

일찍이 저는 『아마존이 그리는 2022년 세계』라는 제목의 책을 쓴 적이 있습니다. 2017년 말에 간행된 이 책에서는 아마존이 그리는 2022년의 생활 양상과 이를 위한 아마존의 전략에 대해 설명했습니다. 이 원칙은 아마존 창업자이자 당시 CEO였던 제프 베이조스가 그리는 미래 그 자체였으며 아마존의 전략이었습니다.

그렇지만 아무래도 아마존에 큰 변화가 계속 발생하고 있는 것 같습니다. 베이조스는 여러 해 동안 "아마존의 영업 이익이나 이익률이 아니라 중장기 성장이나 현금흐름을 확인해 주기 바란다."고 거듭 언급하며, 시장과 투자가들이 성장 투자를 우선시하도록 이해를 구했습니다. 그런데 베이조스가 퇴임한 이듬해인 2022년 3월, 아마존은 23년 만에 주식 분할을 단행했으며 자사주를 매수하는 한도액을 현행 50

억 달러에서 100억 달러까지 인상할 것을 발표했습니다. 베이조스가
CEO였다면 절대 하지 않았을 '주주 대책'이며, 이는 아마존이 지금까
지는 '초성장 기업'이었지만 이제는 '성장 기업'이 되었음을 시사한다
고 분석할 수 있습니다.

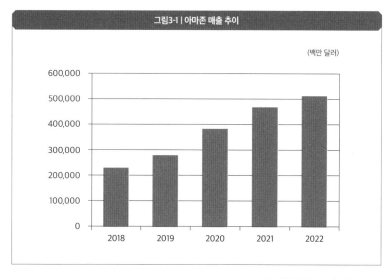

▲ 출처: 아마존 수지 보고서를 기반으로 작성

우연히도 주식 분할을 밝힌 2022년 3월 9일에 미국 하원에서 '아
마존 증언 조서'를 사법부에 요청했다는 뉴스가 발표되었습니다. 오
랜 기간 아마존을 지켜본 저로서는 아마존에 큰 변화가 일어나고 있
음을 실감할 수 있었습니다. 게다가 2020년대 초반부터는 신종 코로
나바이러스로 인해 세계적으로 팬데믹 현상이 발생했습니다. 그리고
코로나 사태는 지금까지 큰 영향을 미치고 있습니다. 물론 아마존과
같은 빅테크, 그것도 온라인 통판 기업의 경우에는 코로나19로 인한

외출 제한이 이익을 확대할 수 있는 순풍이었습니다. 바로 코로나 특수라고 불리는 상황입니다. 이는 아마존의 매출을 통해서도 확인할 수 있습니다.

앞 페이지의 그림3-1은 아마존 매출 추이를 2018년부터 나타낸 것으로, 매출이 순조롭게 증가하는 것처럼 보입니다. 특히 2019년부터 2020년에 걸쳐 급격한 성장세를 보이고 있는데, 코로나 특수라고 판단할 수 있습니다. 다만 매출을 지역, 분야별로 살펴보면 양상이 약간 달라집니다. 아마존은 수지 보고서에서 북미 지역의 매출, 기타 지역의 매출 그리고 AWS의 매출, 이렇게 세 가지 수치를 발표했습니다. 이를 그래프로 나타낸 것이 아래 그림3-2입니다.

자세하게 살펴보지 않으면 파악하기 어려울 수도 있는데, 전체 매

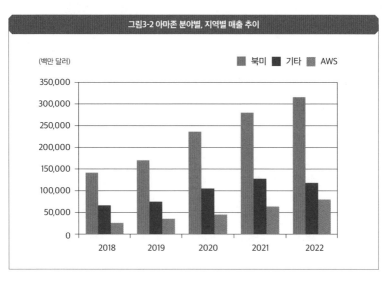

▲ 출처: 아마존 수지 보고서를 기반으로 작성

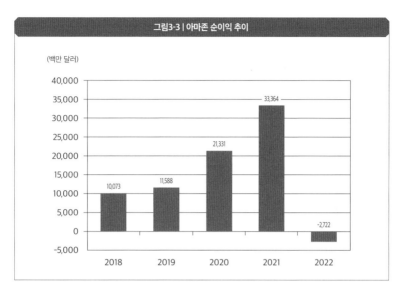

출과 비교해 보면 북미 이외의 지역에서의 매출과 AWS의 매출이 둔화되었고, 북미 이외의 경우에는 감소 경향을 보인 연도도 있습니다. 사실상 2021년부터 2022년에 걸친 아마존의 실적이 수치나 그래프에서 보이는 것만큼 좋지는 않다는 것입니다.

부가하자면 AWS의 매출이 상한에 이르러 더는 늘어날 전망이 없게 된 것입니다. 아마존은 패션부터 가전, 식품까지 취급하는 대규모 온라인 사이트이며, 여기에서 수익을 창출한다고 생각하는 사람들이 많을 것입니다. 그러나 실제로 아마존은 온라인 매장 이외에도 AWS라는 클라우드 서비스를 제공하고 있으며, 사실 이 AWS야말로 아마존 비즈니스의 핵심입니다.

2022년 연간 매출이 과거 최고인 5,139억 8,300만 달러였던 것에 비해 순이익은 원가 상승 및 투자처 기업의 주가 하락과 같은 영향을 받아, 약 27억 달러의 손실을 기록했습니다.(그림3-3) 이 27억 달러의 손실은 아마존 역사에서도 2014년 이래 처음으로 발생한 것이며, 심지어 역대 최고의 연간 손실 금액이었습니다.

아마존도 코로나 사태로 인해 급증하는 수요에 대응하고자 2020년부터 물류 시설을 급격하게 확대했습니다. 그러나 2022년 후반부터 수요가 급감했고, 그 결과 시설 수용력에 잉여분이 발생했습니다. 수용할 수 있는 용량이 과도했던 것입니다. 게다가 미국 국내의 급격한 물가 상승이 더욱 악영향을 미쳤습니다.

아마존의 브라이언 올사브스키 CFO는 2022년에 취임한 이후 좋지 않은 실적의 배경에 대해 물가 상승, 과도한 시설 수용량, 생산성 저하라는 세 가지 요소가 주요 원인이었다고 설명했습니다. 그리고 말 그대로 이 세 요소로 인해 아마존은 현재 어려운 상황에 직면해 있습니다.

✅ 6사반기 연속 마이너스를 기록한 잉여현금흐름

지금이야 아마존이 많은 사람들의 생활에서 빼놓을 수 없는 존재가 되었지만, 창업한 1994년 당시에는 작은 인터넷 서점에 지나지 않았습니다. 그것도 인터넷상으로 판매하기 쉬운 상품을 찾다보니 서적을 판매하기 시작한 것이었습니다.

1964년에 태어난 제프 베이조스는 그때 당시 31세였습니다. 그가 후에 세계 최고의 자산가가 되어 포브스가 선정한 부호 순위에 이름을 올리고 일간지 《워싱턴 포스트》 오너에 57세의 나이로 우주여행까지 가게 되리라고 누가 예상이나 할 수 있었겠습니까. 1994년에 베이조스가 워싱턴주에 설립한 아마존은 1997년 나스닥(NASDAQ)에 상장했습니다. 이듬해인 1998년에는 음악을 판매하는 뮤직 스토어를 개설했으며, 2000년에는 항공 우주 기업인 '블루오리진(Blue Origin, LLC)'을 설립했습니다.

베이조스는 원래 아마존 창업 시에 무엇이든 다 갖추어져 있는 '에브리싱 스토어'라는 상점을 구상했다고 합니다. 현재 아마존에서 취급하는 다양한 품목의 상품과 아마존의 다양한 서비스를 생각하면 그야말로 없는 물건이 없는 에브리싱 스토어를 구축했다고 해도 과언이 아닐 것입니다.

2000년대에 들어서 아마존은 음악이나 DVD, 비디오를 취급하는 스토어를 오픈했습니다. 그리고 더 나아가 소프트웨어나 비디오게임 스토어도 개설했습니다. 2006년에는 클라우드 컴퓨팅 서비스인 AWS를, 2010년대에는 전자책 서비스인 킨들(Kindle)도 시작했습니다. 베이조스는 '진화하지 않는 것은 위험하다'라며, 계속해서 새로운 서비스를 '발명'해 나갔습니다.

이렇게 아마존을 경영하면서 베이조스가 중요하게 여긴 것 중 하나로 현금흐름을 들 수 있습니다. 베이조스가 아마존 주주에게 보내는 편지 가운데서 "멋진 결산 보고와 향후의 현금흐름, 둘 중 하나를 선택하라고 한다면 향후의 현금흐름을 선택할 것"이라고 여러 번 언급한 점을 통해서도 알 수 있습니다. 눈앞의 이익을 희생하더라도 장기적인 가치를 창조하는 데 투자하는 것이 베이조스의 그리고 아마존의 '장기적인 사고'인 것입니다. 그렇다면 현금흐름이 어떠한 상황인지가 중요할 것입니다. 각 사반기 말의 잉여현금흐름(Free Cash Flow)을 살펴보면 그림3-4와 같습니다.

현금흐름이란 특정 회계 기간에 현금이 얼마나 유입되고 얼마나 유출되었는지를 나타내는 것, 다시 말해 자금의 흐름을 나타냅니다. 그중에서도 잉여현금흐름은 기업에서 자유롭게 사용할 수 있는 현금을 의미합니다.

구체적으로는 영업 활동에서 발생한 현금 유출 및 유입을 나타내는 영업현금흐름에서 사업을 확장하기 위해 필요한 설비 투자 등의 비용을 제외한 나머지를 말합니다.

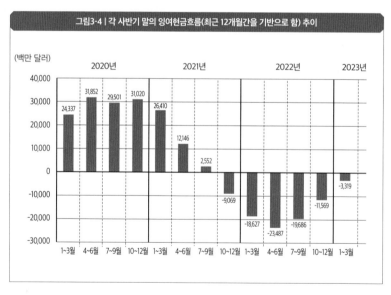

그림3-4 | 각 사반기 말의 잉여현금흐름(최근 12개월간을 기반으로 함) 추이

▲ 출처: 아마존 수지 보고서를 기반으로 작성

베이조스는 아마존을 '장기적인 사고'로 고려했으며, 이를 위해 시장을 창출하고 계속 성장시켜나갔습니다. 이를 위한 경영 지표가 되는 것이 잉여 현금흐름입니다. 베이조스는 잉여현금흐름을 창출하는 것이 기업 가치를 향상시키며 주주 가치 향상으로 이어진다고 생각했습니다. 하지만 그림3-4에서처럼 아마존의 잉여현금흐름은 2021년 제4사반기부터 2023년 제1사반기까지 6기 연속으로 마이너스를 기록했습니다.

이렇게 된 요인은 주로 영업현금흐름을 상회하는 고정 자산이나 설비를 구입해서 발생한 현금 유출 때문입니다. 이것은 아마존이 불확실한 경제 상황에 놓여있기는 하지만 풀필먼트(Fulfillment, 고객의 모든 주문 처리 과정을 대행해 주는 서비스)망을 강화하고 배송 속도를 더한층 고속화하는 것, AWS 사업에서 고객과 장기적인 관계를 강화하는 것 등을 위한 투자를 적극적으로 지속하고 있다는 사실을 나타냅니다. 아마존은 이러한 투자를 통해 향후 영업현금흐름에서 현금이 유입되고, 잉여현금흐름을 창출할 수 있다는 그야말로 '장기적인 사고'를 가지고 있습니다.

✅ 제자리걸음하는 '클라우드' 성장

아마존을 이용하는 고객들 중에서도 아마존이 클라우드 서비스를 제공하는 기업이라는 사실을 아는 사람은 많지 않습니다. 아마존은 일반적으로 서적 온라인 판매에서 시작해 의류나 인테리어, 주방

용품, 생활용품에 이르기까지 폭넓은 상품을 취급하는 유통 기업이라고 생각하는 경우가 많을 것입니다. 아마존에 대해 조금 더 알고 있는 사용자라면 영화나 드라마 같은 영상 매체를 구독해서 볼 수 있는 OTT 서비스도 제공한다는 사실을 떠올릴지도 모릅니다.

그러나 이것 역시도 아마존이 제공하는 서비스의 극히 일부분에 지나지 않습니다. 사실 아마존에는 AWS라고 하는 클라우드 서비스가 있으며, 이것이 아마존의 주요 수입원입니다.(그림3-5) 사용자들은 인터넷을 통해 아마존의 대규모 데이터 센터에 접속해서 여기에 있는 가상 서버를 이용해 데이터를 보존하거나 새로운 서비스를 제공하기도 하며, 또는 축적된 데이터를 분석하는 것과 같은 다양한 업무를 할 수 있습니다. 이 클라우드상의 가상 서버나 서비스를 제공하는 것이 AWS입니다.

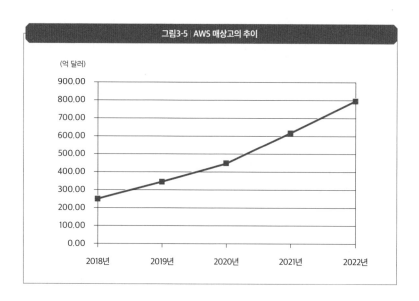

그림3-5 | AWS 매상고의 추이

이러한 서비스를 일반적으로는 IaaS(Infrastructure as a Service, 인프라 기반 서비스)라고 부릅니다. AWS는 전 세계 IaaS 중에서 가장 높은 점유율을 차지하고 있으며, 수백만 개 이상의 회사가 해당 서비스를 이용하고 있습니다. 아마존 전체 매출 중에서 AWS가 차지하는 비율은 2022년에 15%를 초과했습니다.(그림3-6) 비율로 따지면 그렇게 크다고 할 수는 없지만, 최근 5년 동안 11~13% 정도의 추이를 보이던 것이 2022년에는 16% 가까이까지 상승한 것입니다.

여기서 그림3-7을 자세히 살펴봅시다. 아마존 전체의 영업 이익과 AWS의 영업 이익을 비교하면 놀랍게도 AWS 영업 이익이 더 큽니다. 이는 아마존의 영업 이익 중 다른 분야에서 기록하는 적자를 AWS가 보전하고 있다는 뜻이 됩니다. 아마존 전체의 이익이라는 관점에서 살펴보면 아마존은 판매 기업이 아니라 클라우드 기업이라고 말해도

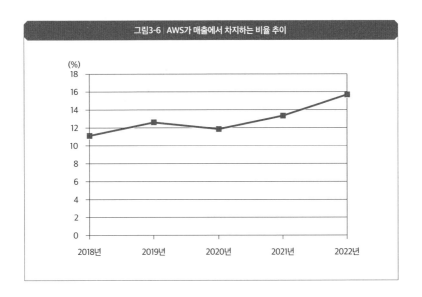

그림3-6 | AWS가 매출에서 차지하는 비율 추이

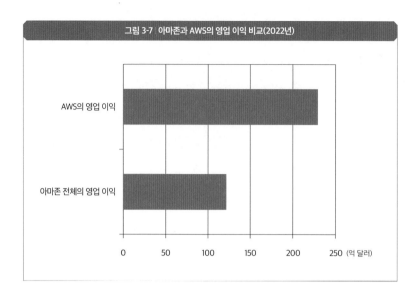

그림 3-7 | 아마존과 AWS의 영업 이익 비교(2022년)

AWS의 영업 이익

아마존 전체의 영업 이익

0   50   100   150   200   250 (억 달러)

과언이 아닐 것입니다. 그러므로 AWS는 아마존의 주 수입원인 셈입니다.

그런데 이 AWS가 코로나 부메랑 효과로 인해 제동이 걸렸습니다. 2023년 1~3월 제1사반기 결산에서는 AWS 분야의 매출 증가가 전년 동기 대비 15.8% 증가했고, 2022년 제1사반기 44.7% 증가, 2021년 제1사반기 24.7% 증가와 비교하면 성장이 둔화했음을 확인할 수 있습니다. 영업 이익은 전년 동기 대비 21.4% 감소해 마이너스 성장을 기록했습니다. 이는 기업이 클라우드에 투자하는 비용이 줄어들기 시작했기 때문입니다.

'경기가 침체되면서 고객은 지출 저감을 우선시한다'라고 브라이언 올사브스키 CFO가 분석한 것처럼 AWS의 성장이 둔화한 지금 상황에서는 아마존의 경영 방침에도 변화가 발생할 가능성이 있습니다.

☑ '초성장 기업'에서 '성장 기업'으로 다운그레이드

　아마존의 주 수입원인 AWS는 성장이 둔화되기 시작했지만, 아직도 전 세계 많은 기업이 AWS 고객이라는 것은 틀림없는 사실입니다. 시너지 리서치 그룹의 조사에 따르면 전 세계 클라우드 서비스 중에서 AWS가 차지하는 점유율은 약 30%입니다.(그림3-8) 즉, 전 세계에서 클라우드 서비스를 이용하는 기업 셋 중 하나는 AWS를 사용하고 있다는 뜻입니다.

　AWS는 왜 이렇게 강세를 보이고 있는 것일까요. 초기 비용을 저렴하게 책정해서 사용자들을 많이 확보한 다음, 사용자들이 증가하면 더욱 가격을 낮추는 전략을 취했던 것이 중요한 요인이라고 생각할 수 있습니다.

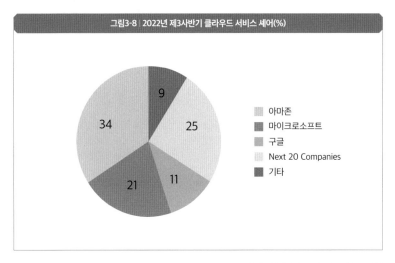

그림3-8 | 2022년 제3사반기 클라우드 서비스 셰어(%)

- 아마존
- 마이크로소프트
- 구글
- Next 20 Companies
- 기타

▲ 출처: 시너지 리서치 그룹 조사를 기반으로 작성

클라우드 서비스를 위해서는 서버를 대량으로 조달해야 하며, 이를 위한 대규모 데이터 센터가 필요합니다. 서버를 대량으로 조달하면 한 대 당 비용이 저렴해지고 이것이 서비스 가격에도 반영됩니다. 실제로 AWS는 서비스를 시작한 후 10년 동안 무려 70회 이상 가격을 낮췄습니다.

이것은 아마존 다시 말해 제프 베이조스의 경영 방침 그 자체입니다. 베이조스는 언제나 '고객 중심주의'라는 표현을 사용했습니다. 그는 아마존의 전자책 단말기 킨들을 다른 태블릿보다 훨씬 저렴하게 판매하는 이유에 대해 "고객과 지속적인 관계를 구축하는 것이 아마존의 비즈니스 모델"이라고 답했습니다.

베이조스는 아마존 창업 초기부터 고객 중심주의를 표방했습니다. 사용자들이 사용하기 쉬운 서비스란 무엇일지에 대해 항상 고민하고, 인터넷에서 물건을 판매하기 위해서는 인터넷 조작에 익숙하지 않은 사람들도 쉽게 사용할 수 있어야 한다고 생각했습니다. 고객을 중심으로 서비스를 생각하고 전개해 나간 것입니다. 이러한 고객 중심주의라는 방침을 철저히 관철하기 위해 베이조스는 '상품을 갖추어 두는 것', '편리성', '낮은 가격'이라는 세 가지 요소를 중요하게 생각했습니다. 또한 이 세 가지 요소를 실현하는 데 드는 지출을 전혀 아까워하지 않았습니다.

2012년에 《닛케이 비즈니스》와의 인터뷰에서 베이조스는 "우리는 항상 시장 점유율을 직접 결정하는 것은 불가능하다고 생각한다. 다만 고객에게 최고의 경험을 제공하는 데 중점을 두고 비즈니스를 전개할 뿐이다. 나머지는 고객이 아마존의 점유율을 결정할 것이다."라고 말한 바 있습니다.

여기서 말하는 '최고의 고객 경험'이란 '사용자 경험(User Experience)'
이라고 생각해도 좋을 것입니다. 사용자 경험이란 사용자들이 제품이
나 서비스를 사용하면서 얻을 수 있는 경험을 의미하는 것으로, 이를
향상시킨다면 서비스를 지속적으로 이용할 가능성이 높아집니다.

게다가 아마존에는 고객 경험(Customer Experience)이라는 개념도 있습
니다. 사용자 경험은 사용자가 개별 제품이나 서비스를 체험하는 것
이었다면, 고객 경험에는 제품을 판매하는 직원의 대응이나 구입 후
의 애프터서비스와 같은 것도 포함됩니다. 제품이나 서비스의 편리성
에 애프터서비스까지 포함한 사용자 경험과 고객 경험을 향상시킨다
면 제품과 서비스의 점유율 확장으로 이어지는 것입니다.

사실 이전에는 클라우드 서비스 이용 기업 둘 중 하나가 AWS를
이용했던 시절도 있었습니다. 그랬던 것이 지금은 세 기업 중 한 기업
이 된 것입니다. 다양한 클라우드 서비스가 등장한 것도 요인이겠지
만, AWS가 '초성장 기업'에서 '성장 기업'으로 다운그레이드되었다고
볼 수도 있습니다. 아마존의 주요 수입원인 AWS를 어떻게 성장시켜
나갈지가 아마존 자체 수익에도 막대한 영향을 미친다는 것을 생각
한편에 새겨두어야겠습니다.

⊘ 빅데이터와 AI를 조합하다

AWS가 아마존의 주요 수입원이면서 코로나 사태 이후로 성장이

둔화되고 있다고 표현했지만, 희망적인 부분도 있습니다. 아마존은 서적에서 시작해 실로 다양한 상품을 판매하고 있습니다. 상품을 구입하기 위해서는 아마존 계정이 필요하기 때문에 계정 수만큼 사용자가 존재한다는 뜻이 됩니다. 아마존은 AWS나 계정을 통해 서비스를 제공하는 것만으로도 실로 방대한 데이터를 입수하고, 축적할 수 있습니다.

예를 들어 아마존에 로그인하면 이전에 구입한 상품을 바탕으로 추천 상품이 표시됩니다. 이 기능은 사용자가 이전에 어떤 상품을 구매했는지, 어떤 상품 링크를 클릭했는지 등의 데이터를 바탕으로 사용자가 흥미를 가질만한 상품, 다시 말해 구입할 가능성이 있는 상품을 추천 상품으로 표시하는 것입니다. 아마존이 축적한 것은 판매하고 있는 상품에 관한 사용자 데이터뿐만이 아닙니다. 아마존에서는 프라임 비디오로 동영상을 제공하는데, 이 동영상을 시청하는 데이터도 축적됩니다.

그 밖에도 음성으로 명령을 하는 AI 어시스턴트 알렉사나 스마트 스피커인 아마존 에코, 킨들 파이어, 스마트 디스플레이 에코 쇼(Echo Show) 등도 있습니다. 또한 현재는 서비스를 종료하였지만 아마존 에코 룩(Amazon Echo Look)이라고 하는 스마트 디바이스도 있었는데 이 기기를 통해 음성 지시로 사진을 촬영하거나, 입고 있는 옷의 코디네이팅을 확인하고 조언을 받을 수 있었습니다. 아마존은 이러한 음성 인식 단말기를 통해서는 음성 데이터를, 에코 룩 디바이스를 통해서는 화상 데이터를 수집하고 축적할 수 있습니다. 이렇게 수집한 빅데이터를 AI로 분석하여 더욱 적합한 상품을 추천하고, 상품과 서비스를 보강

하며 애프터서비스를 개선하는 것입니다.

1990년대 말부터 베이조스는 '아마존은 소매 기업이 아니라 테크놀로지 기업'이라고 주장하면서 기술 분야에 계속해서 투자했습니다. 그리고 AWS 홈페이지에는 다음과 같은 글이 게재되어 있습니다.

'Amazon.com의 추천 엔진은 머신러닝을 사용해서 구축된 것이며, 풀필먼트 센터의 로봇 피킹 루트 최적화에도 사용됩니다. 또한 아마존 서플라이체인, 예측, 캐퍼시티 플래닝 분야에서도 기계 학습 알고리듬을 반영한 정보가 사용되고 있습니다'

아마존은 소매 기업 이미지가 강하기 때문에 AI와는 관련이 없다고 생각할 수도 있습니다. 그러나 AWS에서는 이미 '아마존 폴리(Polly)'라고 하는 문장을 실제 음성으로 변환하는 서비스나, 화상 분석 기능을 애플리케이션에 추가할 수 있는 '아마존 레코그니션(Rekognition)', 음성이나 텍스트를 사용한 대화형 인터페이스를 구축하는 '아마존 렉스(Lex)'와 같은 서비스도 제공하고 있습니다. AI 분야에서도 아마존은 사실 최첨단을 달리고 있는 기업인 것입니다. 그리고 아마존은 AWS와 AI를 조합하여 새로운 수익 창출을 노리고 있습니다.

2017년 5월에 미국 인터넷 협회에서 열린 간담회에서 베이조스는 "우리는 지금까지 수십 년 동안 SF에서만 존재하던 기계 학습과 인공지능을 통해서 실제로 문제를 해결하고 있다."라고 말한 바 있습니다. AI와 빅데이터의 조합이 아마존에 커다란 이익을 가져다주는 시대가 다가오고 있는 것입니다.

⊘ 고전하는 오프라인 슈퍼 매장 '아마존 프레시'

베이조스는 1986년 프린스턴대학에서 계산과학과 전기공학 학사 학위를 취득한 후, 피텔이라는 회사에 입사했습니다. 이곳은 컴퓨터 네트워크를 구축하고 주식 거래에 활용하는 회사였습니다. 그다음으로는 뱅커스트러스트로 이직했고, 1990년에는 헤지펀드 D.E.쇼로 옮겼습니다. 이때부터 베이조스는 D.E.쇼의 창업자인 데이비드 쇼와 함께 다양한 새로운 사업을 고안했고, 결과적으로 아마존의 전신인 카다브라를 설립했습니다. 인터넷이 보급되면서 아마존은 경이적인 성장을 기록했으며, 2007년에는 '아마존 프레시(Amazon Fresh)'라고 하는 서비스를 미국 일부 지역에서 시작했습니다.

아마존 프레시란 식품이나 음료, 유명 맛집의 요리, 생활용품, 육아용품 등 10만 종류 이상의 상품을 소비자가 주문하면 짧게는 약 두 시간 만에 배송해주는 서비스입니다. '프레시'라는 이름에서 알 수 있듯이 신선 식품처럼 소비 기한이 짧은 상품도 취급하고 있으며 지금은 미국 이외에 영국이나 독일, 일본에서도 서비스를 시작했습니다. 미국에서는 더 나아가 아마존 프레시 오프라인 매장을 개설해서 실제 매장을 방문해 신선 식품을 구매할 수 있게 되었습니다.

게다가 매장 입구에 설치된 스마트폰 애플리케이션을 스캔하면 매장 진입부터 구매, 지불까지 완료할 수 있는 시스템이 갖추어져 있어 고객이 계산대에 줄을 설 필요조차 없습니다.

온라인 통판 기업인 아마존이 실제 매장을 운영하는 것은 사실 전혀 이상하지 않습니다. 아마존 측에서는 오프라인 매장을 운영하면서 물류 거점으로 활용할 수 있습니다. 또한 오프라인 매장을 방문하는 고객들의 데이터를 수집하는 것도 가능합니다. 비록 지금은 매장 철수 등 찬바람을 맞고 있지만 아마존의 오프라인 매장 운영에는 단순 판매 방식 확장 이상의 더 큰 야망이 숨겨져 있는 것입니다.

☑ 아마존 고는 편의점의 진화형

아마존 오프라인 매장 중에는 아마존 고(Amazon Go)도 있습니다. 아마존 고는 원래 2016년 12월 아마존 사내에 실험적으로 오픈한 매장으로, 고객들이 계산대에 줄을 서지 않고도 상품을 구매할 수 있는 무인 자동화 매장이었습니다. 이후 아마존 고는 미국 전역에 27개 매장을 오픈했습니다.

그런데 아마존 고 매장 역시도 2023년 2월에 8개 매장이 폐업했으며, 신규 매장 출점도 일시 정지할 것이라는 발표가 있었습니다. 그 전해 연말에 아마존은 특정 분야에서 1만 8,000명을 해고한다고 발표했으며, 이 특정 분야에는 오프라인 매장 디자인과 기술 분야에 종사하는 직원들 그리고 식료품 관련 분야의 직원들이 포함되어 있습니다.

코로나 사태로 인한 외출 규제가 아마존 고 그리고 앞서 언급한 아마존 프레시와 같은 오프라인 매장에 영향을 미쳤다는 점은 쉽사리 추측이 가능합니다. 또한 이러한 매장들이 지나치게 테크놀로지에 중점을 두고 있으며, 고객 체험에 소홀했다는 비판도 있습니다.

아마존 고 매장에서는 사전에 스마트폰 애플리케이션을 다운로드하고 설치한 다음, 애플리케이션에 신용카드 정보를 등록해 두어야 합니다. 그리고 아마존 고 매장에 들어갈 때는 출입문에서 해당 애플리케이션을 켜고 QR코드를 찍어야 합니다.

그다음 고객이 상품을 집어 들면 그 장면을 화상으로 인식하고, 필요한 물건을 고르고 나서 매장을 나갈 때 자동적으로 결제가 완료되는 시스템입니다. '계산대 없음'이라는 표현처럼, 혹은 매장 내에 게시되어 있는 '저스트 워크 아웃(JUST WALK OUT)'이라는 간판 그대로 단지 걸어 다니면서 상품을 고르고, 집어 들고, 매장을 나가기만 하면 구매부터 계산까지의 모든 과정이 완료됩니다.

그러나 여러 명이 매장을 방문하면 오작동하거나, 선반에서 상품을 빠른 속도로 집어 드는 경우에 오류를 일으키기도 합니다. 또한 개장과 동시에 20명 이상의 손님이 몰려들면 각각의 고객을 추적하기 어려워 시스템이 작동을 멈추는 등 크고 작은 문제를 지적받고 있습니다. 물론 이러한 시스템상의 문제가 해결되면 아마존 고처럼 계산대가 없는 매장들이 소매업을 크게 변화시킬 것입니다. 그리고 실제로 저스트 워크 아웃 시스템은 아마존 산하의 고급 슈퍼마켓인 홀 푸드 마켓에도 도입되었습니다.

아마존은 2017년에 홀 푸드 마켓을 137억 달러에 매수했습니다. 여기에는 구매 빈도가 높은 신선 식품계로 진출하고 싶어 하는 아마존의 의도가 투명하게 드러납니다. 오프라인 매장에서 구매 빈도가 가장 높은 품목이 신선 식품이며, 이 분야는 아직 온라인 판매로 확립되지 않은 분야이기 때문입니다. 그래서 아마존은 신선 식품 분야를 타깃으로 정한 것입니다. 저스트 워크 아웃은 단지 홀 푸드의 몇 군데 매장에만 도입하는 것이 아니라 그 밖의 장소에도 확대하려 하고 있습니다. 공항이나 아레나 경기장, 컨벤션 센터, 호텔과 같은 곳의 매점이나 편의점에도 이 자동 결제 시스템을 도입하려고 하는 것입니다.

오프라인 매장을 소유하고 자동 결제 시스템을 도입해서 아마존은 향후의 결제 시스템 플랫폼을 구축하는 것을 목표로 삼고 있다고 예상해 볼 수 있습니다. 아마존은 2007년에 아마존 계정을 사용해서 상품을 구매할 수 있는 '아마존 페이'를 시작했습니다. 이는 아마존 결제 시스템 플랫폼을 구축하는 첫걸음이라고 할 수 있을 것입니다.

☑ 통신 위성을 쏘아 올리다

패션 온라인 판매 사이트 'ZOZOTOWN'으로 알려진 ZOZO(구 스타트 투데이)의 창업자 마에자와 유사쿠는 2021년 12월 9일에 '지금 우주에 있다'라고 X(당시 트위터)에 게시글을 올려 큰 화제를 끌었습니다. 마에자와는 거액의 비용을 들여 러시아 로켓에 몸을 싣고 우주로 날아갔으며, 민간 일본인으로는 처음으로 국제 우주 스테이션(ISS)에 체재했습니다.

그리고 같은 해 7월에 미국의 우주 기업 블루오리진이 미국 텍사스주에서 4명을 실은 로켓을 발사했습니다. 탑승 승객으로는 제프 베이조스와 남동생 마크 베이조스 그리고 60년대에 여성 비행사 후보로 선정되었던 윌리 펑크와 옥션에서 낙찰에 성공한 네덜란드의 올리버 다먼이 있었습니다. 마에자와는 거액의 비용을 부담하고 우주로 비행했지만 베이조스는 자신이 설립한 블루오리진의 로켓을 타고 우주비행을 했습니다. 그는 5세였을 때 TV에서 아폴로 11호가 달에 착륙하는 장면을 본 순간부터 우주에 대한 꿈을 품게 되었다고 합니다. 로켓을 사랑하는 소년이었던 베이조스의 꿈은 우주 비행사였으며 고등학교 시절에 과학 과목에서 교내 최우수 학생상을 세 번이나 수상했습니다. 2000년에 설립한 블루오리진은 베이조스가 유인 우주 비행을 목표로 한 기업입니다.

2021년에 아마존 CEO에서 퇴임한 후 이사회장으로 취임했을 때, 베이조스는 아마존 사원들에게 보낸 메일에는 "회장으로 취임해 계속 아마존의 중대 신규 사업에 종사하면서 자선기금이나 베이조스 우주 기금, 블루오리진, 워싱턴 포스트 그리고 기타 열정에 집중하기 위해 필요한 시간과 에너지를 얻고 있다. 나는 이전보다도 더욱 활력이 넘치며(energisch) 이 조직들이 가지는 영향력에 열정을 쏟아붓고 있다."라는 글귀가 적혀 있었습니다.

베이조스가 열정적으로 착수한 블루오리진 사업은 우주 비행에만 국한되지 않으며 수송, 위성, 혹성 탐사까지도 광범위하게 관련되어 있습니다. 놀라운 점은 아마존의 AWS가 우주 빅데이터에 착수했으며 이미 수익화까지 이르렀다는 점입니다. AWS 홈페이지에는 '공개되어 있는 지리 공간 데이터를 사용해서 클라우드에 혹성 규모의 애플리케이션을 구축할 것'이라고 되어 있습니다.

2023년 3월에 아마존은 이전부터 계획 중이던 저궤도 위성 통신 '프로젝트 카이퍼(Project Kuiper)'에서 제공하는 고객용 단말기 시제품을 공개했습니다. 이는 아마존이 쏘아 올린 통신 위성을 이용하기 위한 단말기입니다. 그리고 아마존은 2024년 말까지 서비스를 제공할 예정이라고 합니다.

2023년 9월에는 SK텔레콤이 일론 머스크가 내놓은 스타링크 (Starlink)라는 고속 인터넷 접속 서비스를 시작하겠다고 발표한 바 있습니다. 아마존 역시 이와 비슷한 위성 서비스를 준비하고 있습니다. 지상 기지국을 이용한 지금의 인터넷 접속 서비스는 편리성 측면에서 생각해 본다면 위성을 활용하는 시대로 반드시 바뀔 것입니다.

아마존은 블루오리진을 통해 위성 시대를 한 발짝 앞서 나가려고 하고 있다고 말해도 좋을 것입니다. 그리고 아마존은 위성을 활용한 드론 배송 시스템을 구축하려고 하는 것 같습니다.

드론을 사용한 배송은 미국을 시작으로 일본에서도 실험이 진행되고 있습니다. 아마존은 이미 비행선으로 거대한 창고를 하늘에 띄운 다음 드론을 사용해서 상품을 배송하는 '하늘을 날아다니는 창고' 구상에 대한 특허를 출원했습니다. 아마존과 블루오리진, AWS, AI 등의 여러 요소가 한곳에 모여 있다는 것은 아마존만이 가지고 있는 커다란 강점입니다.

☑ 헬스케어 비즈니스에 참가

2021년 1월에 구글은 스마트워치와 같은 웨어러블 디바이스를 제작하는 미국 핏비트(Fitbit)를 매수했다고 발표했습니다. 핏비트는 샌프란시스코에 본사를 둔 가전 및 피트니스 디바이스 기업으로 지금까지

걸음 수나 심박수, 수면의 질 등을 측정하는 웨어러블 디바이스를 생산, 판매해 왔습니다. 판매 수량은 전 세계에서 1억 대 이상이나 된다고 합니다.

핏비트를 인수한 구글은 2022년 10월에 손목시계 타입의 스마트 워치인 구글픽셀워치(Google Pixel Watch)를 내놓았습니다. 이쪽 분야에서는 지금까지 애플워치가 업계를 리드하고 있었으며, 애플워치에 대항할 만한 디바이스가 존재하지 않았습니다. 원래 구글에는 안드로이드 웨어(Android Wear, 현 Wear OS)라고 하는 스마트 워치용 OS가 있었습니다. 이는 구글이 중심이 되어 개발한 스마트 워치용 OS이며, 다른 워치 제조업체에서 해당 OS를 사용해서 스마트 워치를 개발, 발매하거나 이 OS에 맞는 애플리케이션을 안드로이드 스마트폰에 설치하는 방식으로 신체 수치를 조작, 관리할 수 있게 했습니다.

그런데 스마트 워치 분야에서는 애플이 애플워치를 발매하면서 셰어의 대부분을 가져가버렸습니다. 그래서 구글은 웨어 OS 보급과 더불어 스마트 워치 분야에서 셰어를 되찾기 위해 지금까지 스마트 밴드로 많은 셰어를 확보하고 있던 핏비트를 매수하려고 나선 것입니다. 핏비트는 10년 넘게 사용자들의 일상 신체 수치와 걸음 수, 운동량 그리고 심박 수나 수면에 관한 데이터를 수집해 왔습니다. 이러한 데이터는 앞으로 식품이나 음료, 건강 관련 상품의 광고나 서비스로 이어질 수 있어서 막대한 이익을 창출할 수 있습니다.

물론 건강 관련 비즈니스와 헬스케어 비즈니스에 주목하고 있는 기업은 애플과 구글뿐만이 아닙니다. 아마존 역시 2022년 2월에 헬스케어 사업을 시작했습니다. 아마존은 아마존 케어(Amazon Care)라는 사업으로 2019년에 미국의 아마존 직원을 대상으로 시험적인 사업에 본격적으로 시동을 걸었습니다. 이 사업에서는 원격 진료와 방문 진료 서비스를 제공했는데, 사용자들이 원격으로 의사에게 상담을 받는 것에 더해 간호사들이 방문해서 코로나 백신을 접종하는 것과 같은 케어도 받을 수 있었습니다.

아마존 케어는 2022년에 종료되었고, 같은 해 2022년 11월에 아마존 클리닉(Amazon Clinic)을 시작하기로 발표했습니다. 이는 자택에서든 외부에서든 언제 어디서든 필요할 때 온라인상으로 진료와 건강 상담을 받을 수 있는 서비스로 미국 국내 32개 주에서 시작되었으며, 몇 달에 걸쳐 미국 전역으로 확대될 예정입니다.

아마존 클리닉에서는 전염병이나 알레르기와 같은 문제와 더불어 탈모, 피부 관리와 같은 미용 문제에 관한 진찰 서비스도 제공합니다. 의사와 채팅으로 상담을 진행하고 처방전이나 개별 치료 계획을 세울 수 있는 본격적인 서비스를 제공할 계획입니다. 애플워치나 구글 픽셀 워치와는 제법 차이가 있지만, 웨어러블 스마트 디바이스가 건강 상태를 스스로 관리하게 하는 데 비해 아마존 클리닉을 통해서는 전문적인 기관과 연계해서 건강 상태를 관찰, 개선할 수 있습니다.

코로나 사태로 인해 원격 의료가 크게 주목받고 있는데, 이 분야는 세계 GDP의 10%, 미국 내에서만도 11조 8,000억 달러에 달합니다. 이러한 거대한 헬스케어 시장에서 패권을 쥐게 될 기업은 GAFAM 중 어느 기업이 될까요. 혹은 전혀 다른 새로운 빅테크 기업이 탄생해서 GAFAM을 제치고 헬스케어 업계에 군림하게 될 가능성도 여전히 남아 있습니다.

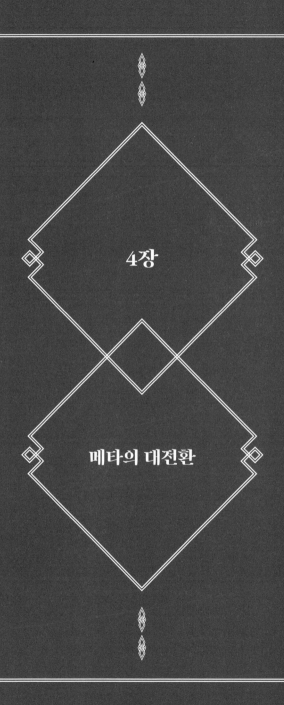

4장

메타의 대전환

✅ 메타의 온라인 광고 매출 급감

GAFAM 내에서 현재 가장 장래가 불안정해 보이는 기업은 메타 (구 페이스북)일 것입니다. 메타의 전신인 페이스북은 하버드대 학생이었 던 마크 저커버그가 2004년에 설립한 SNS 기업입니다. 원래 페이스북 은 저커버그가 학생 간의 교류를 도모하기 위해 시작한 서비스였는데 2006년에는 미국 전역의 고등학생에게 그리고 같은 해 말에는 13세 이상의 모든 사람들에게 서비스를 제공하기 시작했습니다.

그리고 페이스북은 2012년에 나스닥에 상장했습니다. 월간 사용 자 수는 2023년 10월 기준 30억 5,000만 명에 달해 다른 SNS와 비교 해 보아도 압도적인 수치를 자랑합니다. 2021년 10월에는 지금까지 사 용하던 페이스북이라는 이름 대신 메타플랫폼스(통칭 메타)로 변경했 으며, 지금까지 운영하던 SNS 기업이 아니라 메타버스를 개발하고 서비스를 제공하는 방향으로 사업 중심을 이전할 것이라고 발표했습니다.

구 페이스북 매출의 대부분은 광고 수입이었습니다. 그런데 2023년 2월에 발표한 2022년 10~12월기 결산에서는 최종 이익(순이익)이 무려 전년 동기 대비 55% 감소해, 5사반기 연속 감익 상태가 되었습니다. 2023년 1~3월기 결산에서도 최종 이익은 전년 동기 대비 25.3%가 줄어들었습니다. 이렇게 된 주요한 원인은

표4-1 전 세계 SNS 사용자 수 랭킹	
Facebook	29억 5,800만 명
YouTube	25억 1,400만 명
WhatsApp	20억 명
Instagram	20억 명
WeChat	13억 900만 명
TikTok	10억 5,100만 명
LinkedIn	8억 7,500만 명
Snapchat	7억 5,000만 명
Twitter	5억 5,600만 명
Pinterest	4억 4,500만 명
LINE	1억 9,400만 명
Tumblr	1억 3,500만 명

경기 침체에 따른 광고 수입 감소로 추측할 수 있습니다.

지금까지 메타는 라이벌을 줄이기 위해 다른 SNS를 매수하는 방침을 취했습니다. 예를 들어 2012년 4월에는 사진 및 동영상 공유 사이트인 인스타그램을, 2014년 2월에는 모바일용 텍스트 메신저 서비스 왓츠앱(WhatsApp)을 매수했습니다. 현재 각 서비스의 사용자 수는 인스타그램이 약 20억 명, 왓츠앱이 약 20억 명으로 페이스북의 약 30억 명과 합치면 70억 명에 달합니다.

물론 그중 많은 수는 여러 서비스를 동시에 이용하는 중복 사용자이지만 단순 계산으로 메타는 전 세계 인구(2023년 기준 약 80.5억 명)에 육박하는 사용자를 보유하고 있는 것입니다. 그럼에도 불구하고 메타는

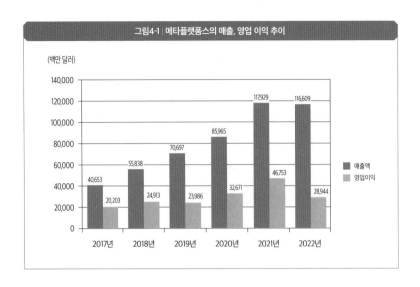

그림4-1 | 메타플랫폼스의 매출, 영업 이익 추이

(백만 달러)

매출액: 2017년 40,653 / 2018년 55,838 / 2019년 70,697 / 2020년 85,965 / 2021년 117,929 / 2022년 116,609

영업이익: 2017년 20,203 / 2018년 24,913 / 2019년 23,986 / 2020년 32,671 / 2021년 46,753 / 2022년 28,944

광고 수입 감소를 막기 위해 다음 한 수를 찾아야만 했습니다. 그 돌파구가 회사명까지 변경하게 만든 메타버스였습니다.

☑ 웹 2.0 메타버스와 웹 3.0 메타버스

메타버스란 간단히 말하면 컴퓨터 내에 만들어진 3차원 가상공간을 의미하며, 또한 해당 가상공간에서 제공되는 서비스를 의미하기도 합니다. 메타가 사운을 걸면서까지 시도한 것이 그러한 가상공간이라는 것을 알고 실망하는 분들이 계실지도 모르겠습니다. 일찍이 2004년경에 세컨드 라이프(Second Life)라는 가상세계 서비스가 있었습니다. 이 가상공간에서는 독자적인 린든 달러라는 화폐를 사용했기 때문에 큰 화제가 되었던 것을 기억하는 분들도 계실 것입니다. 세컨드 라이프가 아직까지 운영되고 있다고는 하지만, 거의 기억에서 사라졌을 정도로 쇠퇴한 것을 보면 역시 가상공간 자체가 현실 세계와는 양립하지 못한다고 생각하는 것도 무리는 아닐 것입니다.

하지만 현재의 메타버스는 세컨드 라이프와는 비교가 되지 않을 정도로 발달해 있습니다. 세컨드 라이프 출시 무렵에는 아직 웹(Web) 2.0을 사용하고 있었지만, 지금은 웹 3.0을 사용하고 있기 때문입니다. 1990년대 중반부터 보급되기 시작한 인터넷은 2000년대에 들어서면서 모든 사람이 정보 제공자가 되어 자유롭게 업로드를 할 수 있게 되었습니다. 그 대표적인 예시가 2004년부터 급속도로 유행하기 시작한 블로그입니다.

그전까지는 인터넷에서 정보를 제공하는 측과 정보를 제공받는 측이 정해져 있었으며, 정보는 일방통행으로 전달되었습니다. 이러한 상황을 웹 1.0이라고 한다면 누구나 정보를 제공할 수 있게 된 것이 웹 2.0입니다. 이 표현은 1999년에 작가이자 웹디자이너인 다시 디누치가 사용하기 시작했고, 미국 미디어 기업인 오라일리(O'Reilly Media)의 창설자인 팀 오라일리가 자신의 블로그에서 이 표현을 언급하면서 급속도로 보급되었습니다.

그리고 웹 2.0의 뒤를 잇는 차세대 웹이 웹 3.0이라는 개념입니다. 이는 2014년에 블록체인 플랫폼인 이더리움의 공동 설립자인 개빈 우드가 만든 표현으로 간단히 말하면 블록체인 기술을 활용한 분산형 인터넷입니다. 블록체인이란 암호 기술을 사용해서 데이터를 분산시켜 보존하는 시스템을 가리킵니다. 가상 화폐는 이 블록체인 기술을 이용한 것인데, 마찬가지로 다양한 데이터를 블록체인 기술을 활용해서 분산 보존하여 사용자들이 직접 데이터를 공유, 관리하면서 운용할 수 있게 하는 것이 웹 3.0의 기본 개념입니다. 단, 웹 3.0이라는 기술이나 서비스가 새롭게 등장한 것은 아니며, 웹 2.0 위에 새로운 블록체인 기술 등을 활용해 데이터를 분산시킨 차세대 웹이라는 개념입니다.

세컨드 라이프가 웹 2.0에서 운용한 메타버스라면, 메타에서 착수한 것은 웹 3.0의 메타버스입니다. 이 메타버스 시장은 갑자기 등장한 것이 아닙니다. 이 점은 2016년에 메타가 오큘러스(Oculus VR)를 매수한 사실을 통해서도 확인할 수 있습니다. 오큘러스는 소비자를 위한 버추얼 리얼리티 헤드셋과 소프트웨어를 개발, 발매하는 VR 제조사입니다. 그리고 2019년에는 가상현실 리듬액션게임 '비트세이버(Beat Saber)'로 유명한 개발사 비트게임즈를 매수했습니다. 메타가 오래전부터 메타버스에 관심을 가지고 있었음을 알 수 있습니다.

✅ 메타버스는 이미 현실과 맞닿았다

버추얼 리얼리티(VR, Virtual Reality, 가상현실)나 AR(Augmented Reality, 증강현실)은 새로운 기술이고 지금 발전하고 있는 분야라고는 하지만, 게임 분야에서나 적용될 뿐 메타버스가 일상생활에 침투할 일은 없을 것이라고 생각하는 분들이 많습니다. '가상'이라는 표현 때문에 실존하지 않는 것, 현실이 아니라고 느끼기 때문입니다. 그러나 이미 메타버스와 가상현실은 생각 이상으로 우리 가까이에 다가와 있습니다. 로블록스(Roblox)가 그 대표적인 사례입니다.

테크놀로지 업계 관련자나 게임에 해박한 사람들을 제외하면 로블록스에 대해 아는 사람은 거의 없을 것입니다. 로블록스란 사용자들이 게임을 만들거나 다른 사용자들이 만들어 놓은 게임을 플레이할 수 있는 온라인 게이밍 플랫폼을 가리킵니다. 또한 해당 플랫폼을 통해서 누구나 즐길 수 있는 게임을 만들 수 있습니다.

그림4-2 | 로블록스 메인 화면

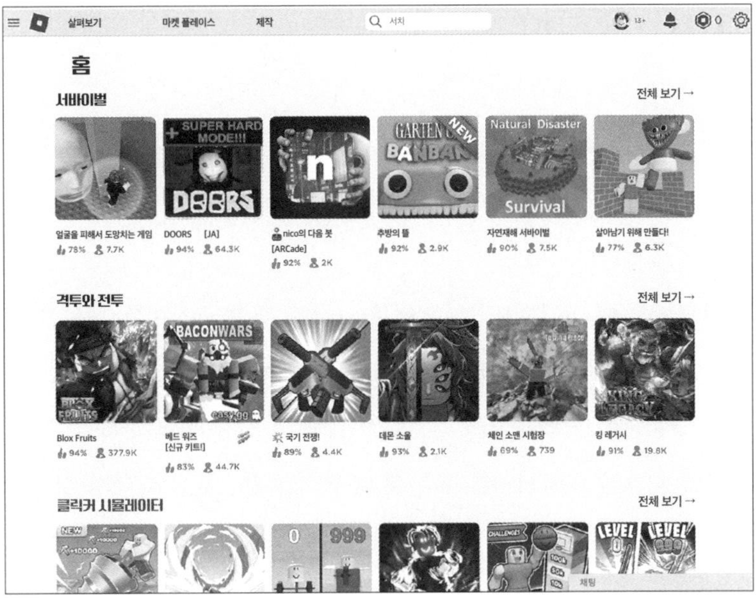

● 마음에 드는 게임을 골라서 플레이할 수 있다

로블록스는 역사가 오래된 플랫폼으로 2004년에 베타 서비스를, 2006년에는 정식 서비스를 시작했습니다. 지금은 컴퓨터나 스마트폰, X박스 등 다양한 기기에서 이용할 수 있으며 이미 5천만 명 이상의 사용자들이 플레이를 하고 있습니다. 플레이어 중 많은 수는 소위 MZ 세대라고 일컫는 젊은 층입니다.

다른 게임들과 비교하면 소규모 플랫폼에 불과했지만 2010년대 후반이 되면서 성장하기 시작했고, 특히 코로나 사태로 인해 2020년대 초에 급속히 성장했습니다. 게임 내에서 로벅스(Robux)라고 하는 가상 화폐를 사용할 수 있는 것도 매력적입니다. 미국에서는 16세 미만의 청소년 중 절반 이상이 로블록스를 플레이하고 있다고 합니다. 월간 사용자 수는 2억 명에 육박할 정도이며, 미국에서는 '진정한 메타버스'라고도 불립니다.

로블록스의 재밌는 점은 프로그래밍 지식이 있다면 직접 게임을 만들고 공개해서 수익을 창출할 수도 있다는 것입니다. 그리고 사용자들이 수익을 낼 수 있다는 공통점 때문에 '게임판 유튜브'라고도 불리고 있습니다.

로블록스는 코로나의 영향으로 사용자 수를 급격히 증가시킬 수 있었습니다. 외출이 제한되었기 때문에 밖에서 친구와 노는 대신에 로블록스에 모여서 메시지를 주고받기도 하고, 함께 게임을 할 수도 있습니다. SNS와 마찬가지로 친구를 팔로우하기도 하고 팔로우 신청을 받기도 할 수 있을 뿐만 아니라 그룹을 만들어 함께 게임을 할 수도 있습니다.

이렇게 로블록스를 SNS처럼 활용할 수 있다는 점이 지금의 젊은 세대의 마음을 사로잡았을지도 모릅니다. 외출이 제한된 시기에도 그렇고 학교에서 귀가한 다음, 친구들끼리 로블록스에 모여서 수다를 떨기도 하고 함께 게임을 하면서 로블록스가 새로운 '모임 장소'가 된 것입니다.

로블록스에서는 청소년들이 게임을 만들어서 배포하기도 하고 게임 내의 아이템을 구입할 수도 있는데, 아이들뿐만 아니라 메이저 소매 체인 월마트나 메이저 식품 기업 켈로그, 요구르트 제조사인 초바니(Chobani) 등 일반 기업들이 제작한 게임도 거의 매주 업데이트됩니다.

'아이들은 더이상 현금을 원하지 않는다. 로벅스를 원한다'라는 제목의 기사가 2022년 12월 12일 《월스트리트 저널》에 게재되었습니다. 이미 미국에서는 청소년들이 로블록스와 같은 메타버스에서 더 많은 시간과 비용을 소비하게 된 것입니다.

☑ MZ세대와 메타버스

로블록스뿐만이 아닙니다. 메타버스에는 로블록스나 메타 이외에도 다양한 플랫폼이 존재합니다. 널리 알려진 메타버스로는 다음과 같은 플랫폼이 있습니다.

* 포트나이트(Fortnite): 에픽게임즈가 서비스하는 온라인 게임. 여러 장르의 게임 모드가 제공되며 유료 아이템을 구매하거나, 게임 내에

서 사용할 수 있는 코스튬을 구입할 수도 있다.

    * 클러스터(Cluster): 클러스터 주식회사에서 개발, 운영하는 메타버스 플랫폼. 아바타를 움직여서 다른 아바타와 커뮤니케이션할 수 있다. VR 고글인 오큘러스퀘스트2(Oculus Quest 2)로 플레이할 수 있으며, 컴퓨터나 스마트폰으로도 이용할 수 있다.

    * 제페토(ZEPETO): 아시아를 중심으로 약 3억 명 이상이 플레이하는 메타버스. 전체의 8할이 10대 사용자들로, MZ세대 여성도 많다. 셀카 애플리케이션 스노우(SNOW)를 개발한 한국 스노우에서 개발한 서비스이며 현재 네이버제트가 운영하고 있다.

    * VR챗(VRchat): 미국 VR챗에서 운영하는 소셜 VR 플랫폼이다. VR 기기가 없어도 플레이할 수 있다.

    * 리얼리티(REALITY): SNS 그리(GREE)를 운영하는 그리의 자회사 리얼리티가 운영하는 라이브 커뮤니케이션 서비스. 아바타로 라이브를 진행하거나 시청할 수 있으며, 다른 사용자들과 소통할 수 있다.

2022년 10월에 트랜스 코스모스에서 실시한 '메타버스에 관한 이용 실태, 소비자 조사 2022'에 따르면 전체의 25퍼센트가 메타버스를 이용한 경험이 있다고 대답했습니다. 특히 15~19세의 남성 중에서 48퍼센트, 20~29세의 남성 중에서는 55퍼센트가 이용한 경험이 있다고

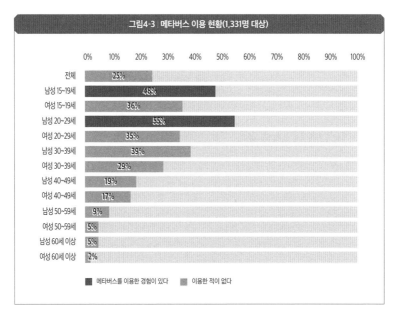

▲ 출처: 트랜스코스모스(메타버스에 관한 이용 실태-소비자 조사 2022)

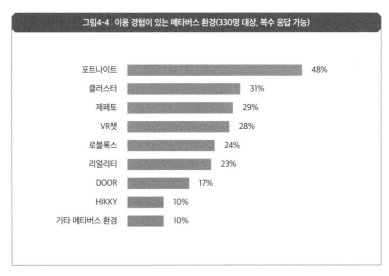

▲ 출처: 트랜스코스모스(메타버스에 관한 이용 실태-소비자 조사 2022)

응답해, 10~30대에서는 절반에 가까운 인원이 이미 메타버스를 이용하고 있음을 알 수 있습니다.(그림4-3)

☑ IoT에서 MoT로

이처럼 메타버스는 우리에게 가까운 존재가 되고 있으며 그에 따라 메타버스 세계에 뛰어들고 있는 기업들도 증가하고 있습니다. 메타버스 그 자체를 시작하는 기업도 있는가 하면, 메타버스 세계를 시장으로 삼으려고 하는 기업도 있습니다. 로블록스는 다양한 기업들과 컬래버레이션을 하기 시작했습니다. 그중에는 디즈니나 레고, 나이키와 같은 세계적인 기업도 있습니다. 로블록스 내에서 상품을 홍보하는 장소를 마련해 기업들이 방대한 수의 로블록스 사용자들에게 직접 다가갈 수 있게 된 것입니다.

이러한 상황에서 MoT라는 표현이 등장했습니다. 바로 '사물 메타버스(Metaverse of Things)'입니다. 이는 2023년 CES에서 주최자인 미국소비자기술협회(CTA)가 제창한 개념입니다. 지금까지의 인터넷은 컴퓨터와 컴퓨터를 연결하기 위한 것이었습니다. 여기에 스마트폰이나 태블릿이 등장했고, 이러한 기기들 역시 인터넷에 연결할 수 있게 되었습니다.

그리고 뒤이어 디지털카메라나 텔레비전과 같은 기존 가전제품에 와이파이 연결 기능을 탑재하면서 가전제품을 인터넷에 연결할 수 있게 되었습니다. 그리고 스마트 스피커나 스마트 디스플레이처럼 디지털 정보 가전제품을 인터넷에 연결하면 텍스트뿐만 아니라 음악이나 음성, 사진과 비디오와 같은 방대한 양의 정보를 인터넷을 경유해 송수신할 수도 있습니다. 이렇게 다양한 기기를 인터넷에 연결하는 것을 IoT(Internet of Things, 사물 인터넷)라고 부릅니다. 그전까지는 그다지 염두에 두지 않았던 기기들까지도 인터넷에 연결할 수 있도록 다양한 센서를 개발하고, 물리적인 제품뿐만 아니라 계측 데이터나 제어 데이터까지도 인터넷을 통해서 송수신 할 수 있게 되었습니다.

이 IoT가 더 발달된 세계가 MoT입니다. IoT가 다양한 사물을 인터넷에 연결할 수 있는 세계였던데 비해, MoT에서는 다양한 사물이 메타버스로 연결됩니다. 메타버스는 컴퓨터 내부에 만들어진 가상현실 공간이므로, IoT의 연결 대상을 메타버스까지 확장하면 MoT가 되는 것입니다. 그러한 의미에서는 MoT도 IoT도 개념적으로는 동일하다고 할 수 있습니다.

단, CTA는 다양한 사물을 메타버스에 연결해 동작시키기 위해서는 몰입감을 높이고 가상화하는 것이 중요하다고 지적했습니다. 또한 다양한 물체를 메타버스에 연결하려면 고속 통신도 필요합니다. 이를 위해 5G, 다시 말해 5세대 이동 통신 시스템을 활용할 수 있으며 현재 그보다 더 나아간 6G(제6세대 이동 통신 시스템)도 개발 단계에 있습니다. 6G가 구축되면 1천 Gbps를 초과하는 속도를 실현할 수 있다고 합니다. 그렇게 된다면 5G의 10배나 되는 초고속 통신이 가능해집니다.

메타버스는 아이들과 MZ세대를 중심으로 우리의 인식보다 더 일상생활에 깊숙이 침투해 있습니다. 그러한 의미에서 본다면 MoT 역시 코앞까지 다가온 개념이라고 할 수 있습니다.

☑ 아바타 경제를 둘러싼 패권 투쟁, D2A

메타버스에 기업들이 연이어 참가하는 것은 메타버스를 새로운 시장으로 기대하고 있기 때문입니다. 그리고 D2A는 그 대표 격이라고 할 수 있겠습니다. D2A란 Direct To Avatar, 다시 말해 기업이 직접 아바타와 연동하는 것입니다. 아바타란 게임이나 메타버스 내부에서 자신의 분신이 되어 움직이는 캐릭터를 의미합니다. 기업이 아바타로 직접 연동하면 새로운 상거래가 탄생하게 됩니다.

미국 조사 기관인 CB인사이트는 스타트업 기업이나 벤처 캐피털의 동향을 조사 및 분석하면서 2022년도 12가지 테크놀로지 트렌드 중 하나로 D2A를 언급했습니다. 지금까지 기업들이 소비자에게 직접 제품이나 서비스를 전달하는 방법으로 'D2C(Direct To Consumer)'가 있었습니다. 이것은 중간 유통 업자를 거치지 않고 자사 EC 사이트를 통해서 제품을 고객에게 직접 판매하는 방법입니다.

이러한 방식의 D2C와는 달리 D2A는 자사 제품 및 서비스를 고객이 아니라 아바타에 직접 전달합니다. 메타버스 속 아바타는 AR이나 VR, MR(복합 현실)과 같은 기술이 발전하면서 아이덴티티가 중요해졌습니다. 실제로 메타버스 내에서 자신의 분신인 아바타를 만들 때 성별이나 얼굴 형태, 헤어스타일, 패션을 설정합니다. 이때 자신과 닮은 아바타 또는 자신이 되고 싶은 이상형에 가까운 아바타를 만드는데, 보통 메타버스 세계에 참가할 때 첫 단계로 아바타를 설정합니다.

그러다 보면 아바타에 취향에 맞는 옷을 입히거나 헤어스타일을 변경하거나 안경이나 가방 같은 액세서리를 착용하게 하고 싶어지기도 합니다. 많은 메타버스의 경우 이러한 아이템을 무료 또는 유료로 제공합니다. 이와 마찬가지로 기업이 아바타에 직접 연동할 수 있게 되면 아바타의 아이덴티티를 높일 수 있는 혹은 취향에 맞는 아바타로 바꾸기 위한 아이템을 제공할 수 있습니다.

미국에서는 이미 테크놀로지 트렌드로 D2A가 주목받고 있다고 합니다. 2022년에 미국소매협회(NRF)가 개최한 세계 최대 소매 전시회 'NRF 2022'에서 '소매업과 메타버스의 융합에 도전해야 하는 시기가 도래했다'는 발표가 있었습니다. D2A와 관련해 아바타 이코노미라는 단어까지 탄생했을 정도입니다. D2C에서 D2A로 변모하는 움직임은 시장 환경이 변화하고 있음을 의미합니다. 이것은 현실 시장에서 아바타가 움직이는 메타버스 시장으로 변화한다는 뜻입니다.

일찍이 2012년에는 십 대 청소년 중 94%가 페이스북에 가입했지만, 그로부터 10년이 지난 2021년에는 27%까지 떨어졌습니다. 한편 2022년에 덴쓰(電通)에서 실시한 「메타버스에 관한 의식 조사 2022」에 따르면 MZ세대의 아바타나 아이템 구입액이 전년도보다 2.4배나 증가했다는 결과가 있었습니다. 페이스북이 회사명을 바꾸면서까지 메타버스 사업으로 전환하려고 한 배경에 이 젊은 세대들을 되찾기 위한 목적이 있음이 명확히 드러납니다.

☑ 구찌가 만든 '구찌 타운'

D2A 시장에 재빨리 뛰어든 기업으로 메이저 스포츠 브랜드 나이

그림4-5 | 로블록스 안에 있는 구찌

키가 있습니다. 2021년 12월에 나이키는 NFT 스튜디오 '버추얼 어패럴'을 담당한 디자이너 그룹 '아티팩트(RTFKT)'를 매수했습니다.

NFT란 'Non-Fungible Token'의 이니셜을 딴 것으로, 대체 불가능 토큰이라고 번역됩니다. 블록체인 기술을 사용해 손쉽게 복제할 수 있었던 디지털 데이터의 유일성이 증명 가능해진 것입니다.

메타버스의 경우에는 가상현실에서 경제 활동을 할 때 중요하게 사용되는 기술입니다. 예술을 시작으로 음악이나 텍스트에까지 NFT를 활용해 많은 디지털 자산을 거액으로 거래할 수 있게 되었습니다.

나이키는 게임 포트나이트 내에서 스니커즈 디자인을 제공하는 마케팅을 시작했습니다. 메타버스 내의 아바타가 나이키 스니커즈를 착용하면 브랜드에 대한 애착이 지금까지보다 더 강해질 것이라 예상하기 때문입니다.

또한 나이키는 D2A가 가능한 플랫폼 중에서 게임판 유튜브라고도 불리는 로블록스를 선택했습니다. 로블록스 내에 '나이키랜드'를 개설해 게임을 제작하기도 하고, 다른 플레이어가 제작한 게임을 체험할 수 있습니다. 아바타가 착용할 수 있는 나이키 아이템도 준비되어 있습니다.

어떤 메타버스를 D2A 플랫폼으로 선택할지는 앞으로 더 중요한 사항이 될 것입니다. 메타버스 중에는 기업 이미지에 부합하지 않는 곳도 있고, 상품이 사용자(아바타)에게 매력적이지 않은 상황도 발생할 수 있기 때문입니다. 반대로 메타버스 플랫폼은 앞으로 여러 기업에게 D2A 플랫폼으로 선택받을 수 있는 메타버스를 구축해야 할 것입니다.

나이키는 앞서 언급한 것처럼 '게임 판 유튜브'라고도 불리는 로블록스를 선택했습니다. 나이키 이외의 다른 기업들도 로블록스를 선택했는데, 그중에는 명품 패션 브랜드 구찌가 있습니다. 구찌는 메타버스 안에 '구찌가든'과 '구찌타운'이라는 공간을 개설했으며 이곳에서는 아바타가 착용할 수 있는 옷이나 백 같은 디지털 아이템을 구입할 수 있습니다. 최근에는 10대 학생들이 크리스마스 선물로 부모에게 게임이나 용돈 대신, 이러한 아바타를 꾸미는 데 필요한 아이템들을 달라고 조르는 경우도 많아지고 있다고 합니다.

현재 D2A를 통해 메타버스 내부에서 새로운 시장이 급격히 성장하려 하고 있습니다. 이 패권을 장악하는 것은 기존의 빅테크가 될 것인지 아니면 새로운 테크놀로지 기업이 될 것인지 예측을 할 수 없는 상황입니다.

☑ 메타버스에서 고전하는 메타플랫폼스

나이키나 구찌가 D2A 플랫폼으로 선택한 로블록스는 2004년에 데이비드 바수츠키와 에릭 카셀이 설립한 플랫폼입니다. 원래는 다이나블록스(DynaBlocks)라는 이름이었지만 이듬해인 2005년에 로블록스로 회사명을 변경했습니다. 로블록스는 코로나 팬데믹을 통해 크게 성장했으며 2021년 3월에는 뉴욕 증시(NYSE)에 상장했는데, 첫날 첫날 시가총액은 382억 6,000만달러에 달했습니다.

앞서 언급한 것처럼 로블록스에서는 홈 화면에 나열되어 있는 게임을 자유롭게 플레이할 수 있을 뿐만 아니라 사용자들이 직접 만든 오리지널 게임을 공개할 수도 있습니다. 또한 로블록스는 게임에서 사용하는 아바타가 착용하는 의상을 판매해서 수익을 내고 있는데, 미국에서는 '진정한 메타버스'라고 주목받고 있기도 합니다. 로블록스의 비즈니스 모델은 엔터테인먼트, 게임, 소셜 미디어를 조합한 것입니다.

지금으로서는 가장 유력한 메타버스라고 주목받고 있지만, 이번에 출시된 애플의 VR 단말기 '애플 비전 프로'로 인해 상황이 어떻게 바뀔지 알 수 없습니다. 애플 제품은 사용자 인터페이스가 뛰어나고 지지층이 확고하기 때문에 애플이 본격적으로 메타버스에 뛰어든다면 로블록스의 아성이 무너질 가능성도 점쳐집니다.

애플의 팀 쿡 CEO도 메타버스에 흥미를 표하고 있습니다. 애플의 결산 발표에는 앱 스토어에 이미 1만 4,000개의 AR 애플리케이션이 업로드되어 있다고 기재되어 있습니다. 이렇게 되면 '애플 비전 프로가 얼마나 많이 팔릴까'라는 이슈가 메타버스의 커다란 전환점이 될 것입니다. 2024년 2월에 발매된 애플 비전 프로에는 2,300만 개의 픽셀로 이루어진 고해상도 디스플레이가 탑재되어 있으며, 가격은 최소 3,499달러로 450만 원이 넘는 가격이 매겨졌습니다. 이에 대해서는 5장에서 더 자세히 다루도록 하겠습니다.

애플 비전 프로가 시장에 안착한다면 메타버스라는 새로운 분야에 마니아층뿐만 아니라 대중도 충분히 흥미를 가질 것이며, 비싼 가격에도 구입하는 사람이 적지 않을 것으로 예상됩니다. 하지만 메타버스를 당장 즐기고 싶은 10대나 20대 사용자들이 선뜻 구매하기는 쉽지 않은 금액입니다.

이렇듯 메타버스 시장 선점을 위해 여러 회사가 뛰어드는 와중에 메타플랫폼스는 회사명까지 바꾸면서 전력을 다하고 있지만 상황은 그다지 좋지 않습니다. 지금까지 페이스북은 많은 사용자들이 이용한 SNS였지만, MZ세대는 더 이상 페이스북을 사용하지 않습니다. 이 장 서두에서 메타플랫폼스의 최근 6년간 매출과 영업 이익 추이 그래프를 게재했습니다. 2023년 2월에 발표된 2022년도 제4사반기 영업 및 통기 실적은 XR 디바이스 개발 및 메타버스 구축에 착수하는 '리얼리티랩(Reality Labs)' 분야에서 통기 매출 21억 5,900만 달러인데 비해, 손실은 137억 1,700만 달러에 달했습니다.

메타버스라는 전도유망한 분야에 뛰어든 메타플랫폼스는 바로 지금이 진가를 발휘해야 할 중요한 국면을 맞이했다고 할 수 있겠습니다.

☑ 미래의 블루오션 메타버스

메타플랫폼스가 메타버스에 뛰어든 것은 2021년 이후였습니다. 같은 해 7월에 아직 회사명이 페이스북이었을 무렵, 이 회사는 메타버스에 약 5조 원 이상을 투자할 계획이라고 밝혔습니다. 실제로 8월에는 가상 회의실 호라이즌 워크룸(Horizon Workrooms)을 공개했습니다. 오큘러스 퀘스트2 헤드셋을 착용하면 VR 회의에 참가할 수 있습니다.

2021년은 코로나 팬데믹이 한창 심각했을 때입니다. 외출이 제한되고 여러 국가에서 온라인 화상 회의나 재택근무가 업무의 중요한 부분을 차지하기 시작했습니다. 따라서 많은 기업들이 줌이나 마이크로소프트 팀즈와 같은 온라인 화상 회의용 애플리케이션을 활용했습니다. 이러한 상황 아래에서 페이스북은 화상 회의 서비스를 내놓았고, 심지어 두 달 후인 10월에는 회사 이름까지 메타플랫폼스로 변경했습니다.

물론 실적이 계속 악화되고 있던 SNS 페이스북보다도 향후 성장이 기대되는 메타버스에 신속히 착수해서 사업의 중심으로 삼으려는 기대감도 명백히 드러났습니다. 마크 저커버그 CEO는 멤버들에게 메타버스에서 중요한 것은 '몰입감'이며, 현실이 아닌 가상공간에서도

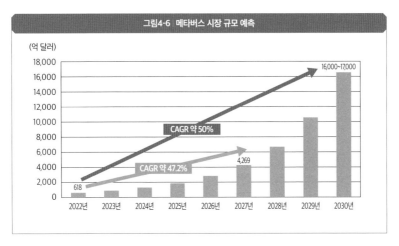

▲ 출처: 마켓앤마켓

원거리에 있는 사람들과 공간을 공유하고 실제적인 커뮤니케이션과 다를 바 없는 감각을 느끼게 해야 한다고 말했습니다. 페이스북을 대신할 차세대 교류 도구로 메타버스가 가장 좋은 해답이라고 생각한 것입니다.

실제로 메타버스는 새로운 도구이자 미개척 시장으로서의 매력도 충분히 갖추고 있습니다. 시장조사기관 마켓앤마켓의 2022년 5월 보고서에 따르면 2022년에 618억 달러(약 80조 7,108억 원)인 메타버스 시장은 2027년에 4,269억 달러(약 557조 5,314억 원)까지 성장할 것으로 예상됩니다.(그림4-6) 컨설팅 기업 맥킨지앤컴퍼니는 2030년에 메타버스 시장 규모가 5조 달러(약 6530조 원)에 달할 가능성이 있다고 예측했습니다.

지금까지의 SNS와 앞으로의 메타버스는 사실 그다지 큰 차이가 없을지도 모릅니다. 내부 규칙이나 할 수 있는 일은 다르지만 SNS가 친구나 지인들과 의사소통하고 새로운 만남을 창출하는 곳이었던 것처럼, 메타버스 역시 의사소통과 만남의 장소가 될 것입니다. 물론 게임을 할 수도 있고 다른 사용자들과 특정 이벤트를 즐기기도 하는 것처럼 메타버스는 SNS에는 없었던 매력을 갖추고 있습니다. 하지만 의사소통을 한다는 측면에서는 도구만 다를 뿐 그렇게 큰 차이는 없습니다. 그렇기 때문에 저커버그는 메타버스에 끝없는 매력을 느끼고 있는 것일지도 모릅니다.

✅ 광고에서 탈피하다

메타플랫폼스의 매출은 광고 수입이 전체의 95% 이상을 차지하고 있습니다. 구글과 비슷한 수익 구조이지만 구글 광고와 메타플랫폼스의 광고에는 큰 차이가 있습니다. 구글은 검색 연동형 광고인데 비해 메타버스는 타기팅 광고입니다. SNS인 페이스북에 가입할 때 사용자는 성별, 연령, 학력, 근무처, 취미, 연애 중인지의 여부, 살고 있는 지역과 같은 정보를 입력합니다. 메타에는 그런 데이터가 현재 29억 5,800만 명 분량이 축적되어 있습니다. 이러한 데이터를 바탕으로 광고 클라이언트는 자사 제품이나 서비스에 적합한 사용자들을 상세히 분류, 타기팅 해서 광고를 내보냅니다. 그렇기 때문에 타게팅 정밀도가 높습니다.

그러나 페이스북의 인기에 그림자가 드리웠고, 특히 10~30대의 젊은 연령층이 페이스북을 떠나는 현상이 발생하고 있습니다. 앞서 언급한 것처럼 10년 전인 2012년에는 10대 청소년 중 94%가 페이스북에 가입했지만, 2021년에는 27%까지 떨어졌습니다. 이런 상황이라면 아무리 광고 효율이 좋아도 클라이언트 입장에서는 앞으로의 행방이 불안할 수밖에 없습니다.

게다가 2018년에 페이스북에서 약 8,700만 명 분량의 개인정보가 유출되는 사건이 발생했습니다. 이 사건으로 인해 페이스북에 대한 사회적인 비판의 목소리가 높아졌습니다. 이듬해인 2019년에는 미국연방거래위원회가 개인 프라이버시 침해를 이유로 페이스북에 50억 달러의 제재금을 부과하기도 했습니다.

CES 2020에서는 CPO들에 의한 배심 토의가 이루어졌는데, 이 익숙하지 않은 직책에서도 유추할 수 있듯이 최근 미국에서는 프라이버시를 중시하는 분위기가 더한층 강해지고 있습니다. 해당 배심 토의에는 페이스북의 에린 이건 CPO도 참가했습니다. 그가 새로운 '개인정보 진단 도구'를 소개하면서 자신들은 개인정보 방침을 준수하고 있고, 페이스북은 서비스 프로바이더(인터넷 접속 서비스 대행사)로 광고를 판매하고 있으며 개인정보를 판매하지 않는다는 발언을 하자 회의장에서 큰 소리로 야유가 터져 나왔습니다.

페이스북은 좋게든 나쁘게든 광고 수입에 크게 의존하는 기업입니다. 그러한 상황을 개선하고 광고에서 탈피하기 위해서라도 반드시 메타버스로 사업을 확장해야 할 것입니다. 페이스북은 5조 달러라는 막대한 시장에 과연 어떻게 도전해 나갈까요. 이 도전과 결과에 따라 메타플랫폼스라는 빅테크의 운명이 크게 바뀔 것입니다.

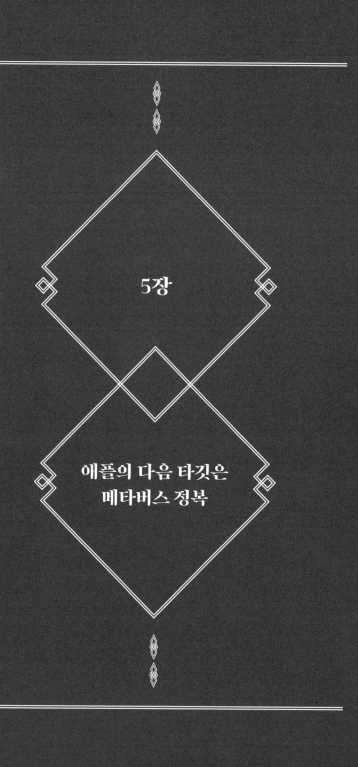

5장

애플의 다음 타깃은
메타버스 정복

✅ 세계 스마트폰 시장을 장악한 애플

스티브 잡스와 스티브 워즈니악, 로널드 웨인 이렇게 세 명이 1976년에 창업한 애플은 워즈니악이 개발한 컴퓨터를 판매하려고 설립한 회사였습니다. 그 점은 초창기 회사명이 애플컴퓨터라는 점을 봐도 알 수 있습니다. 이 때문에 애플이 컴퓨터 제조사이자 그에 속한 소프트웨어 개발사라고 여기는 사람도 적지 않을 것입니다.

그러나 실제로는 2007년 아이폰 발매 이후, 애플은 세계 최고의 모바일 기기 제조사가 되었습니다. 2010년에 열린 아이패드 발표회에서 잡스는 "애플은 이미 세계 최대 모바일 디바이스 기업이 되었다. 소니나 삼성, 노키아보다 거대한 모바일 디바이스 기업"이라고 말하기까지 했습니다. 잡스가 사망한 후에도 팀 쿡 CEO는 이 노선을 이어나갔습니다. 현재 애플은 컴퓨터 매킨토시 제조사보다는 아이폰과 아이패드를 만드는 브랜드로 잘 알려져 있으며 세계 최대 모바일 기기를 제조하는 기업으로 성장했습니다.

이 점은 수치로도 여실히 드러납니다. 홍콩에 거점을 둔 카운터포인트 테크놀로지 마켓 리서치의 조사에 따르면, 2022년 제4사반기의 세계 스마트폰 시장은 코로나 사태와 거시 경제 환경 악화로 인해 전체 스마트폰 출하 대수가 18% 감소해 2013년 이래 가장 낮은 수준인 3억 390만 대에 그쳤다고 합니다.(그림5-1) 제조사별로는 애플이 전년 동기 대비 14% 감소한 7천만 대, 삼성(Samsung)이 16% 감소한 5,830만 대, 샤오미(Xiaomi)가 26% 감소한 3,320만 대였습니다.(그림5-2) 출하 대수만 놓고 보면 감소했지만, 영업 이익을 살펴보면 전체의 85%라는 압도적인 셰어를 애플이 점유하고 있습니다. 이는 스마트폰 기업으로서는 역대 최고의 점유율입니다.

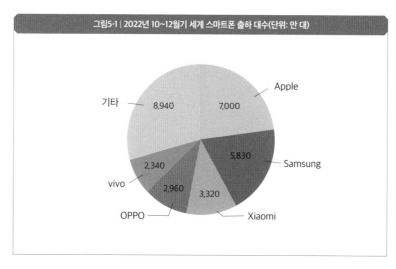

그림5-1 | 2022년 10~12월기 세계 스마트폰 출하 대수(단위: 만 대)

▲ 출처: 카운터포인트 테크놀로지 마켓 리서치

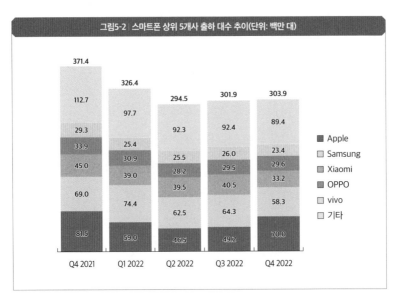

그림5-2 | 스마트폰 상위 5개사 출하 대수 추이(단위: 백만 대)

▲ 출처: 카운터포인트 테크놀로지 마켓 리서치

코로나 팬데믹으로 중국에 있는 주요 조립 파트너사가 일시적으로 메인 공장을 폐쇄하는 등, 애플로서도 쉽지 않은 해였습니다. 카운터포인트 테크놀로지 마켓 리서치는 만약 이런 사태가 벌어지지 않았다면 아이폰 점유율과 영업 이익이 더 증가했을 가능성이 있었다고 분석했습니다.

⊘ 자사 제품 사용을 강요하는 애플 생태계

스마트폰 사업이 순조로운 시기라서 애플이 강세를 보인다고 생각할 수도 있지만 실제로 애플의 강점은 다른 부분에서 드러납니다.

물론 애플의 아이폰 매출은 전체 매출 중에서 54.1%(2023년 1~3월기)로 큰 비율을 차지하고 있습니다. 하지만 최근 몇 년 동안 다른 서비스 사업에서도 급성장을 보이고 있다는 점을 주목해야 합니다.

애플은 1976년 애플 I 을 내놓았습니다. 그리고 1979년 애플 II 발매를 통해 비약적인 성장을 이루었습니다. 그러나 1981년 등장한 IBM PC가 낮은 가격으로 시장을 장악하기 시작했고 MS-DOS와 윈도우가 OS의 대명사로 여겨지게 되었습니다.

애플은 이에 편승하지 않고 애플에서 매킨토시 그리고 맥(Mac)으로 독자 라인을 구축했으며 OS도 OS X, MacOS로 개량해 나갔습니다. 2001년에는 휴대용 음악 재생 기기인 아이팟을 발매했으며, 더 나아가 아이팟용 음악 관리 소프트웨어인 아이튠즈를 배포해 컴퓨터 이외의 기기들에서도 매출을 증가시켰습니다. 초기 아이팟은 맥에서만 이용할 수 있었으며 아이튠즈도 맥 전용 소프트웨어였습니다. 아이팟으로 음악을 감상하고 싶은 사용자들은 필연적으로 애플 제품들을 사용해야만 했습니다.

2007년에는 아이폰이 발매되었는데, 아이폰에서 사용할 수 있는 애플리케이션은 앱스토어에서만 배포, 판매되고 있으며 개인이 독자적으로 애플리케이션을 설치할 수 없습니다. 이러한 점을 통해서 알 수 있듯이 애플 제품을 사용하기 위해서는 다른 애플 제품이 필요한 경우도 있고, 기기끼리 연동시켜 사용하려면 애플 제품들을 선택하는 편이 더욱 편리하고 쾌적합니다.

이것을 애플 생태계라고 부릅니다. 아이폰이나 아이패드, 애플워치, 맥과 같은 기기들을 같은 애플 ID로 로그인해서 사용하면 디바이

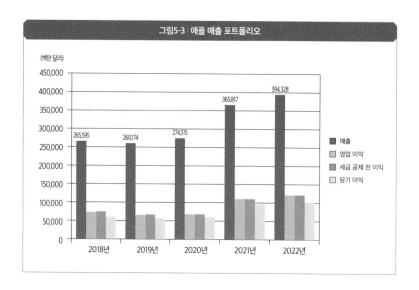

그림5-3 | 애플 매출 포트폴리오

(백만 달러)

- 매출
- 영업 이익
- 세금 공제 전 이익
- 당기 이익

스끼리 애플리케이션이나 음악, 사진 등의 데이터를 공유할 수 있습니다. 또한 애플 제품은 서로 다른 기기라 할지라도 OS 조작 방법이 통일되어 있기 때문에 동일한 방법으로 사용할 수 있어 조작하기 쉽습니다.

이러한 애플 생태계를 통해 애플은 사용자들이 자사 제품만 사용할 수밖에 없게 만들었습니다. 특히 아이폰용 앱스토어와 음악을 관리하고 송신하는 아이튠즈는 애플리케이션과 음악 그리고 영화나 비디오 같은 디지털 콘텐츠 플랫폼으로 자리 잡았습니다. 애플 비즈니스 모델 구축에 성공한 결과, 2021년 매출은 전년 대비 133%, 2022년에는 전년 대비 108%를 기록했습니다.(그림5-3)

애플의 애플리케이션, 음악, 비디오와 같은 디지털 콘텐츠 판매는 해가 거듭될수록 계속 늘어나고 있습니다. 2013년에는 서비스 사업

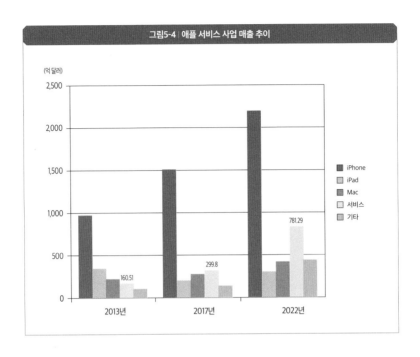

그림5-4 | 애플 서비스 사업 매출 추이

(억 달러)

iPhone
iPad
Mac
서비스
기타

160.51
299.8
781.29

2013년 2017년 2022년

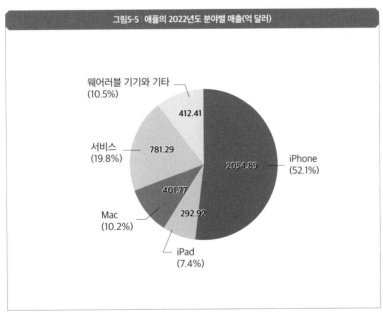

그림5-5 | 애플의 2022년도 분야별 매출(억 달러)

웨어러블 기기와 기타
(10.5%)

412.41

서비스
(19.8%)

781.29

iPhone
(52.1%)

2054.89

Mac
(10.2%)

401.77

292.92

iPad
(7.4%)

매출이 전체의 9.4%를 차지했으며 2022년에는 19.8%까지 성장했습니다. 2022년 분야별 매출 구성을 보면 서비스 분야가 약 20%까지 차지하게 됩니다.(그림5-5) 서비스 사업에는 앱스토어나 아이튠즈에 더해 애플케어나 애플 페이 등의 매출도 포함됩니다. 특히 최근에는 애플페이 매출도 증가하고 있기 때문에 주목해 볼 필요가 있습니다.

✅ 급성장하고 있는 OTT 분야

애플은 아이패드나 아이폰과 같은 제품을 위한 아이튠즈, 앱 스토어와 같은 플랫폼 비즈니스를 전개해 왔습니다. 아이튠즈는 음악 관리에 빼놓을 수 없는 애플리케이션인데, 지금은 애플 뮤직으로 이름을 바꾸었습니다. 애플 뮤직 안에 아이튠즈 스토어가 들어가 있으며 구독 기능을 이용할 수 있습니다.

원래 애플에는 영화나 동영상, 드라마를 감상할 수 있는 애플TV라는 제품이 있었습니다. 이 제품을 디스플레이 기기나 텔레비전에 연결하고, 무선 LAN을 통해 인터넷에 연결하면 배포, 판매되는 드라마와 영화, 동영상을 즐길 수 있는 독자적인 제품입니다. 애플이 이러한 영상 관련 콘텐츠 판매를 애플TV라는 플랫폼 비즈니스로 발전시켰다고 말해도 될 정도입니다.

텔레비전에서 나오는 영화나 동영상은 애플TV 외에도 맥이나 아이폰, 아이패드로도 즐길 수 있습니다. 물론 이미 넷플릭스나 디즈니플러스, 아마존 프라임 비디오, 홀루(Hulu)처럼 영상 콘텐츠를 볼 수 있

그림5-6 | 월정액 VOD 일본 시장 상황

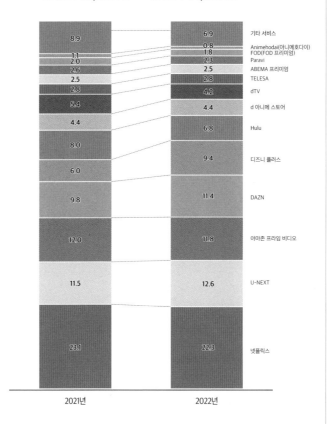

2022년 시장 규모가 큰 순으로 나열

시장 규모 추계 **3,862**억 엔[※1]　　시장 규모 추계 **4,508**억 엔[※1]

2021년	2022년	
8.9	6.9	기타 서비스
	0.8	Animehodai(아니메호다이)
1.1	1.8	FOD(FOD 프리미엄)
2.0	2.3	Paravi
2.6	2.5	ABEMA 프리미엄
2.5	2.8	TELESA
2.8	4.2	dTV
5.4	4.4	d 아니메 스토어
4.4	6.8	Hulu
8.0	9.4	디즈니 플러스
6.0		
9.8	11.4	DAZN
12.0	11.8	아마존 프라임 비디오
11.5	12.6	U-NEXT
23.1	22.3	넷플릭스

※1: 계약 형태에 관계없이 소비자가 VOD 서비스를 제공하는 사업자에게 지불한 금액의 총액
자료) 젬파트너스 「VOD/방송/비디오 소프트웨어 시장 사용자 분석 리포트」 「정액제 VOD 서비스 브랜드 로열티 조사」 「SVOD 이용 플랜 조사」 총무성 통계국 「인구 추계」 국립 사회 보장·인구 문제 연구소 「일본 장래 추계 인구」 총무성 「통신 이용 동향 조사」 및 각 사 IR, 보도 발표 자료, 웹사이트를 사용해서 분석

▲ 출처: VOD 시장 5년간 예측(2023-2027년) 리포트

그림5-7 │ VOD 일본 시장 규모 추계 추이와 예측

VOD 시장 규모: '정액제 동영상 전송(SVOD)', '렌탈형 동영상 전송(TVOD)', '동영상 전송 판매(EST)' 합계

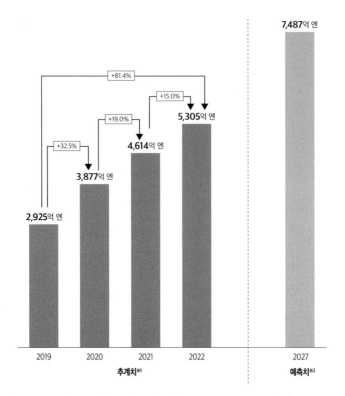

※1: 계약 형태에 관계없이 소비자가 VOD 서비스 사업자에게 지불한 금액의 총액
※2: 소비자 조사 결과, 일본과 미국 VOD 서비스와 관련해 지금까지의 보급 실적과 영상 홈 엔터테인먼트 전체에 대한 DVD, BD 시장과 VOD 제공 비율, 또한 신종 코로나 바이러스 확산으로 인한 영향을 감안하여 '보통', '낙관적', '비관적'이라는 세 가지 시나리오로 시산함. 상기 수치는 '보통' 시나리오를 바탕으로 함.

자료) 젬파트너스 「VOD/방송/비디오 소프트웨어 시장 사용자 분석 리포트」, 「정액제 VOD 서비스 브랜드 로열티 조사」 「SVOD 이용 플랜 조사」 총무성 통계국 「인구 추계」 국립 사회 보장·인구 문제 연구소 「일본 장래 추계 인구」 총무성 「통신 이용 동향 조사」 및 각 사 IR, 보도 발표 자료, 웹사이트를 사용해서 분석

▲ 출처: VOD 시장 5년간 예측(2023-2027년) 리포트

는 플랫폼이 존재하기 때문에 애플TV나 애플TV 플러스가 예전만큼 우위에 있지는 않습니다.(그림5-6)

실제로 아시아권에서 이용할 수 있는 OTT/VOD 제공 서비스 가운데 애플TV가 차지하는 비율은 극소수에 지나지 않습니다. 전 세계적으로 살펴보아도 넷플릭스나 아마존 프라임 비디오가 큰 점유율을 차지하고 있습니다. 마케팅 서비스인 젬파트너스(GEM Partners)가 발표한「동영상 전송 시장 5년 예측(2023~2027년) 리포트」에 따르면 수많은 VOD 서비스 중 2022년 시장 셰어는 넷플릭스가 22.3%로 가장 높았습니다. 그다음으로 U-NEXT, 아마존 프라임 비디오, DAZN이 뒤를 이었으며 애플 TV는 기타 서비스에 포함되어 있었습니다.

독일에 위치한 저스트 워치(JustWatch)는 복수의 VOD 서비스를 다중 검색 할 수 있는 애플리케이션을 제작하고 있습니다. 이 회사의 2021년 조사에 따르면 미국에서 VOD 서비스 시장 셰어는 넷플릭스가 28%, 아마존 프라임 비디오가 20%, 디즈니 플러스가 14%를 점유하고 있었으며, 애플 TV는 겨우 3%에 그쳤습니다.

단, 앞서 언급한 젬파트너스의 리포트에서는 일본 VOD 서비스 시장 규모도 보고되어 있는데,(그림5-7) 2021년에는 4,614억 엔, 2022년에는 5,305억 엔으로 15%나 증가한 것을 볼 수 있습니다. 그리고 5년 후인 2027년에는 7,487억 엔까지 확대될 것으로 예측하고 있습니다.

이렇게 성장하는 OTT/VOD 분야에서 이미 애플TV라는 플랫폼을 가지고 있는 애플이 팔짱을 끼고만 있을 리 없습니다. 애플 매출 중에서도 급성장하고 있는 분야이기 때문에 어떻게든 플랫폼의 이점을 살려서 반전을 꾀할 가능성이 높다고 예상해 볼 수 있습니다.

✅ 경험자를 애플 추종자로 만든다

아이폰을 보면 알 수 있듯이 애플 제품들은 디자인이 세련되고 사용하기 쉽다는 평판을 받고 있습니다. 2장에서 언급한 것처럼 세계 스마트폰 시장은 안드로이드가 72.27%, 아이폰이 27.1%의 셰어를 점유하고 있습니다.

모바일 기기 전문 마케팅 기관인 MMD연구소의 조사에 따르면 아이폰이 시장을 장악하고 있는 일본 내에서 아이폰 사용 비율이 가장 높은 연령층은 10대 여성이며, 84.1%가 아이폰을 사용하고 있습니다. 그리고 뒤이어 20대 여성은 70.2%, 10대 남성은 70.1%가 아이폰을

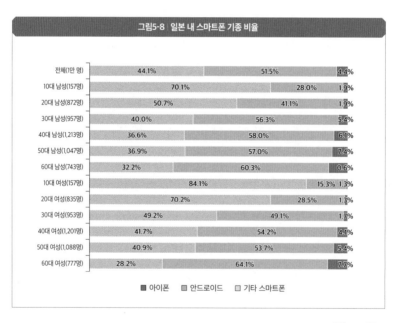

그림5-8 | 일본 내 스마트폰 기종 비율

▲ 출처: MMD연구소

사용하고 있습니다.(그림5-8) 젊은 세대 특히 여성이 아이폰을 사용하는 비율이 높다는 점은 MZ세대에서 아이폰 사용 비율이 높은 데에도 영향을 주고 있을 것입니다. 그리고 주변 사람들과 같은 스마트폰 기종으로 동일한 애플리케이션을 쓰고 싶다는 사용자 심리도 반영되어 있습니다.

젊은 여성들은 왜 아이폰을 선호하는 것일까요. 몇 가지 이유가 있겠지만 사용하기 편하고 안전하다는 이유로 아이폰을 선택하는 사용자들도 적지 않습니다. 아이폰 앱은 독점이 금지된 유럽 이외의 지역에서는 앱스토어에서만 다운로드할 수 있는데, 여기에는 애플의 자체적인 심사를 통과한 애플리케이션만 등록할 수 있습니다. 사용자들이 의심스러운 앱을 다운로드하고 설치할 우려가 없는 것입니다.

사용자 경험(user experience)이 뛰어나다는 점도 아이폰을 선택하는 주요한 이유 중 하나입니다. 애플 제품은 아이폰뿐만 아니라 아이패드나 맥에 이르기까지 디자인이 뛰어나며 사용하기 편리하다고 인정받고 있습니다. 별다른 매뉴얼 없이 잠깐 사용해 보기만 해도 조작 방법을 이해할 수 있기 때문입니다.

애플은 사용자 경험을 일관되게 중시하는 기업입니다. 스티브 잡스는 일찍이 "세탁 시간 단축을 중시할 것인가, 세탁한 옷의 부드러움이 오래 유지되는 것을 중요시할 것인가, 세탁 시 물 사용량을 줄이는 것을 중요시할 것인가 같은 내용으로 매 저녁 식사 때마다 2주 동안 토론하고는 했다."라고 말한 바 있습니다(『스티브 잡스』 월터 아이작슨 저). 애플이라는 기업은 좋든 나쁘든 이러한 잡스의 '고집'을 계승했습니다.

처음으로 컴퓨터에 마우스를 기본 제공했던 것처럼, 애플은 '사용하기 편리하고', '이해하기 쉽게' 만드는 것을 추구하는 기업입니다. 그리고 이러한 점이 수많은 사용자 경험의 토대가 되었다고 할 수 있습니다. 스마트폰의 기능만 가지고 말하자면 최근에는 아이폰과 안드로이드 단말기에 큰 차이가 없습니다. 게다가 아이폰은 다른 안드로이드 휴대폰과 비교하면 비싼 편입니다. 그럼에도 불구하고 사용자들이 아이폰을 선택하는 이유는 애플이 아이폰을 브랜드화했기 때문입니다.

가격이 높게 설정된 제품을 '프리미엄 브랜드'라고 부르는데, 애플은 자사의 확고한 기업 이미지를 확립하고, 아이폰이나 아이패드처럼 자사 제품을 브랜드화하는데 성공했습니다. 프리미엄 브랜드 제품을 소유하고 사용하면 사용자들은 '기분이 좋아지고', '즐거움'을 느낍니다. 이것이 애플의 사용자 경험인 것입니다. 애플은 이처럼 철저한 사용자 경험을 통해 애플 제품을 구매한 사람들이 오직 애플만을 사용하게 만들었으며, 팬을 늘려나가는 데 성공했습니다.

✅ 사용자 정보 활용보다 개인정보 보호

아이폰이 다른 스마트폰과 차별화되는 사항 중 하나로 본체에 설치해서 사용하는 애플리케이션은 유럽을 제외하고는 모두 앱스토어를 통해서 관리한다는 점이 있습니다. 안드로이드 단말기에서도 구글 플레이를 통해 애플리케이션을 배포하며 구글이 이를 관리하지만 기타 사이트들에서 다운로드한 애플리케이션 파일도 사용자가 직접 설치하고 사용할 수 있습니다. 구글 플레이에서 다운로드하고 설치한 앱이라 할지라도 사용자 개인정보를 임의로 빼내는 경우가 있기 때문에 종종 문제가 되곤 합니다. 이러한 문제점 때문에 구글은 2022년 2월에 스마트폰 애플리케이션 사용 정보를 광고를 위해 사용하는 기능을 제한할 것이라고 명확히 밝혔습니다. 구글 측은 사용자의 프라이버시를 보호하고, 타기팅 정밀도가 높은 광고를 송신하기 위한 조치라고 설명했습니다. 반면 애플은 이미 CES 2020에서 개최된 '소비자는 무엇을 원하는가?'라는 토론에서 제인 호바스 CPO가 '애플에서는 프라이버시란 기본적 인권'이며, 애플의 개인정보 보호 방침은 소비자를 운전석에 앉게 하는 것이라고 표현했습니다.

이는 사용자들이 개인정보를 직접 관리하고, 더 나아가 개인정보를 어떻게 취급할지에 대해서도 직접 선택하게 한다는 의미입니다. 이전에도 애플은 팀 쿡 CEO가 규정한 방침에 따라 엄격한 개인정보 보호 기준을 설립했으며, 사용자를 보호해야 한다고 목소리를 높였습니다. 더 나아가 호바스 CPO는 사용자들에게서 수집하는 개인정보를 최소한으로 줄이고, 활용하는 개인정보 역시 최소한으로 억제하는 '데이터 미니마이제이션'이라는 개념이 애플의 개인정보 보호 방침에서 극히 중요한 위치를 차지하고 있다고 말했습니다.

빅테크의 특징 중 하나로 방대한 수의 개인정보를 보유하고 있다는 점이 있습니다. 이러한 개인정보를 가지고 빅데이터로 분석, 활용해서 마케팅에 반영하기도 하고 데이터를 바탕으로 광고를 송신하기도 합니다. 그런데 애플에서는 이러한 개인정보를 되도록 줄이려고 하는 것입니다. 예를 들어 아이폰이나 아이패드에서는 내장 마이크에 '헤이, 시리(Siri)'라고 말을 건 다음 일기 예보를 물어보거나 음악을 재생하게 명령하는 기능이 있습니다. 일기 예보를 물어보면 현재 사용자의 위치 정보를 확인할 수 있습니다. 그러나 애플에서는 사용자가 있는 장소를 넓은 범주에서만 파악할 뿐, 보다 상세한 위치 정보를 입수하지 않습니다.

한편 사용자들이 시리에게 가까운 곳의 식당 정보를 물어보면 애플은 사용자의 위치 정보를 바탕으로 적절한 식당을 추천해 줍니다. 이때는 사용자의 위치 정보라는 개인정보를 취득해야만 합니다. 애플에서는 상황에 맞게 개인정보를 취득하며, 이렇게 해서 용도에 맞게 필요한 최소한의 정보만 수집한다는 방침에 따르고 있습니다.

애플은 CES 2019에서 라스베이거스 도시 중심에 '아이폰 안에서 발생하는 일은 아이폰 내부에만 존재합니다(What happens on your iPhone, stays on your iPhone)'라는 광고를 게재했습니다. 이처럼 엄격하게 프라이버시를 중시하기 때문에 사용자들은 애플을 신뢰하고, 애플이라는 프리미엄 브랜드에 호감을 가지며 결과적으로 애플의 매출로 이어집니다. 빅데이터의 시대에서 프라이버시를 중시하는 방침은 애플이 가진 커다란 무기라고도 할 수 있습니다.

✅ 애플이 가져올 진정한 메타버스

메타가 SNS에서 메타버스로 크게 항로를 변경한 것처럼, 애플도 메타버스에 러브콜을 보낼 준비를 하고 있습니다. 팀 쿡은 2022년 가을에 네덜란드 뉴스 미디어 브라이트와의 인터뷰에서 "AR에 크게 관심을 가지고 있기는 하지만, 일반 사람들은 메타버스가 무엇인지 잘 알지 못할 가능성이 높다."고 부정적인 견해를 밝힌 바 있습니다.

하지만 이러한 발언과는 달리 2022년 후반에 애플이 헤드셋용 콘텐츠 개발 및 AR, VR 사업을 강화하기 위해 인재를 채용하고 있다는 소식이 전해졌습니다. 이것이 앞에서도 언급한 애플 비전 프로이며 기존 애플 제품들의 기술을 하나의 기기에 집약한 것으로 알려졌습니다. 애플 비전 프로를 개발하며 출원한 특허는 무려 5,000개에 달한다고 합니다. 애플이 심혈을 기울여 만든 VR 헤드셋과 함께 메타버스 시장에 뛰어든다면, 그때야말로 진정한 의미에서 메타버스가 시작된 첫해라고 할 수 있을 것입니다.

팀 쿡은 어느 인터뷰에서 "AR이 없는 생활은 곧 생각할 수조차 없게 될 것"이라고 말한 적도 있습니다. 일반 사람들은 메타버스에 대해 잘 모를 것이라고 말하면서, 한편으로는 AR이 없는 생활은 생각할 수 없게 될 것이라고도 말한 것입니다. 어느 쪽이 진정한 속마음일지는 알 수 없지만, 애플이 메타버스에 뛰어들기 위해서는 메타버스에 '거주할' 정도로 오랜 기간 동안 체재할 수 있는 환경이 갖추어져야만 한다고 생각하고 있는 듯합니다.

메타버스 공간에 오랜 시간 체재하게 되면 사용자는 프라이버시나 개인정보를 보호하기 위해 힘을 쏟고 있는 애플 제품을 사용할 것이며, 그렇게 하기 위해서는 AR, VR 고글이 아니라 더 애플다운 제품을 가지고 접속할 수 있는 환경을 목표로 하고 있다고도 생각해 볼 수 있습니다. 애플에서는 현재 이를 위한 제품 개발과 본격적으로 메타버스에 뛰어들 타이밍을 가늠하고 있을 것입니다. 그리고 이 점이 실현된다면 7년 후에 5조억 달러에 달할 거대한 메타버스 시장 패권을 애플이 손에 쥘 가능성도 높아집니다.

✅ 애플 비전 프로의 등장

애플은 게임 체인저가 될 애플 비전 프로를 위해 '공간 컴퓨터 (Spatial Computer)'라는 새로운 카테고리를 만들었습니다. 기존 메타버스와 차별화를 노리는 것으로 보입니다. 애플 측이 생각하는 메타버스 세상을 누비고 다니기 위한 획기적인 제품이 되리라 점쳐지고 있습니다. 참고로 기존 메타버스에서는 VR, AR, MR이라는 용어가 등장하는데 각각 다음과 같은 의미를 가집니다.

*VR(가상현실): 게임 등에 사용되고 있는 기술. 컴퓨터 그래픽(CG)이나 특수 카메라 등으로 촬영한 영상으로, 360도 시점을 모두 둘러볼 수 있다. 게임 세계 속에서 달리거나 적을 뒤쫓는 것처럼 영상 안에 실제로 들어가 있는 것 같은 체험이 가능하다. VR 고글뿐만 아니라 스마트폰 소프트웨어에서도 이미 활용되고 있다.

*AR(증강현실): 스마트폰 게임인 '포켓몬 GO'에서도 활용되고 있는 기술로, 현실 세계에 가상 세계를 중첩시켜서 현실 또는 가상 세계를 '증강(확장)'하는 기술이다. 현실 풍경 위에 CG 캐릭터나 3D 영상을 겹쳐 마치 현실 세계에 캐릭터가 나타난 것 같은 느낌을 준다.

*MR(복합 현실): 현실 세계와 가상 세계를 더 밀접하게 연결한 기술. VR이나 AR에서는 등장한 캐릭터에 접촉할 수 없지만, MR에서는 캐릭터의 등 뒤로 돌아갈 수도 있고, 위에서 내려다볼 수도 있으며, 밑에서 올려다볼 수도 있어 다양한 표현을 할 수 있다. 캐릭터에 접촉할 수도 있게 된다면 더욱 자유로운 복합 현실이 실현될 것이다.

애플 비전 프로가 말하는 공간 컴퓨터는 사실상 MR(Mixed Reality)에 최적화된 기기로, 현실 세계(리얼)과 가상 세계(버추얼)를 복합, 융합 시키며 상호 실시간으로 영향을 주고받는 공간을 가리킵니다. 애플은 애플 비전 프로 공개 당시에 이 공간을 통틀어 AR플랫폼이라 불렀습니다만 공간 컴퓨터라는 명칭 확정 후에는 AR, VR, XR, MR 등의 용어를 사용하지 말도록 명시하고 있습니다.

아이폰으로 대표되는 애플 제품은 경쟁사 제품보다 가격이 비쌉니다. 그렇지만 디자인이나 콘셉트, 편리함과 같은 고객 경험 때문에 사용자들에게 유일무이한 프리미엄 브랜드 제품으로 받아들여지고 있습니다. 애플 비전 프로 또한 예외는 아니어서 기본 가격만 3,499달러(약 455만 원)로 책정되어 있습니다. 타사 VR 기기에 비해 10배 가까운 가격입니다.

하지만 이 제품을 테스트해 본 VR 전문 웹진 《업로드VR》은 '현존 최고의 버추얼 기기'라고 극찬했으며 시장조사기관 IDC는 애플 비전 프로 덕분에 내년 메타버스 시장이 올해보다 47% 성장하리라고 전망했습니다. 라몬 라마스 IDC 리서치 이사는 "애플의 진출은 시장에 많은 관심을 가져옴과 동시에 다른 기업들에게 경쟁을 강요할 것"

이라고 밝혔습니다. 미국에서 2월에 출시된 애플 비전 프로는 2024년 말에 다른 나라에서도 발매됩니다.

코로나 팬데믹이 끝난 2023년 미국 내 메타버스 기기 매출은 지난해보다 40%가량 줄었습니다. 킬러 콘텐츠의 부재가 가장 큰 이유로 지목되고 있습니다. 이러한 가운데 애플의 메타버스 시장 참전이 과연 어떤 결과를 가져올 것인지 궁금합니다.

⊘ 의료 현장을 바꾼 애플 헬스케어

애플이 눈여겨보고 있는 것은 공간 컴퓨터(메타버스)뿐만이 아닙니다. 최근 수년 간 애플은 헬스케어 분야에 상당한 흥미를 보였으며, 힘을 쏟고 있습니다. 애플 헬스케어 제품이라고 하면 애플워치를 가장 먼저 언급할 수 있습니다. 1세대 애플워치는 2015년 4월에 발매되었습니다. 이 애플워치는 잡스의 뒤를 이어 팀 쿡이 2011년 CEO로 취임한 이후 처음 선보인 새로운 카테고리에 속한 제품입니다.

당시에 헬스케어 분야 제품으로는 이미 여러 회사가 내놓은 스마트밴드가 있었고, 스마트워치 카테고리에 속하는 제품도 몇 종류가 있었습니다. 스마트밴드는 손목에 착용하는 밴드 형태이며, 스마트워치보다 더 손목시계와 비슷한 형태를 하고 있습니다. 스마트워치에는 심박수 측정 센서와 가속도 센서, 기압 센서, GPS 등이 탑재된 제품도 있고, 터치스크린이나 진동 기능을 탑재한 것도 있습니다. 그리고 블루투스나 무선 LAN으로 스마트폰 또는 컴퓨터와 연결해 데이터를 기록, 관리할 수도 있습니다.

2018년에 발매한 4세대 애플워치에도 전자식 심전도 측정 센서가 탑재되어 있어서 앱을 통해 심전도를 측정할 수 있습니다. 미국에서는 사망 원인 중 심장병의 비율이 가장 높습니다. 식사나 비만, 생활 습관이 큰 원인이라고도 하는데, 애플워치를 착용하고 있다면 항상 심박수를 확인해 정상적이지 않은 값이 측정될 때 실시간으로 메시지를 전송합니다. 이 기능 덕분에 필요한 도움을 적절한 시기에 받을 수 있었다는 뉴스가 종종 보도되고는 합니다.

다른 회사의 스마트워치나 스마트밴드가 걸음 수와 심박수 측정 그리고 수면 상태 체크 기능을 탑재하고 있으면서 시계의 범주를 벗

그림5-9 | 세계 웨어러블 시장 규모		
	대수	시장규모
2015년	**2,800**만 대	**8**조 **5,000**억 원
2020년	**1**억 **4,000**만 대	**44**조 **6,000**억 원
2025년	**2**억 **5,300**만 대	**62**조 **1,000**억 원

※ 워치 타입, 팔찌 타입, 안경 타입, 기타 합계
출처: 일반 사단법인 전자 정보 기술 산업 협회(JEITA) '주목할 만한 분야에 관한 동향 조사 2015' 기초 데이터

어나지 못하는 상태인데 비해, 애플워치는 이미 의료기기라고 불러도 좋을 수준에까지 도달했습니다. 미국 식품의약국(FDA)으로부터 한정적인 의료기기로 인가받았을 정도입니다. 애플은 애플워치를 통해 헬스케어 시장의 새로운 플랫폼이 되기를 원할 것입니다.

헬스케어 시장은 건강관리부터 예방, 생활 지원 서비스 등 앞으로 더욱 확대될 것으로 예상되는 분야입니다. 애플워치와 같은 웨어러블 기기만 보더라도 2015년에 2,800만 대였던 것이 2020년에는 1억 4,000만 대, 2025년에는 2억 5,300만 대에 달할 것이라는 예측이 나오고 있습니다.(그림5-9)

이를 시장 규모로 환산하면 현재 세계에서 약 45조 원 규모의 마켓이 2025년에는 60조 원이 넘는 규모까지 성장할 것으로 예상됩니다. 또한 헬스케어 산업 전체를 살펴보면 시장 규모는 현재 약 3,000조 원이며, 2030년에는 5,250조 원까지 확대될 것이라는 예측이 있었습니다. 헬스케어 시장에서 애플워치를 중심으로 측정한 데이터를 아이폰이나 아이패드에 취합하고, 이 데이터를 병원이나 의료 기관에 전달해 조기에 건강 이상을 발견해서 치료하는 데 도움을 주는 것이 헬스케어 시장의 플랫폼입니다.

애플워치에는 현재 탑재된 심전도 기능 외에 혈압 측정 기능이나 혈당치 계측 기능까지 탑재할 계획이 있다고 합니다. 지금은 정밀도와 관련해 해결해야 할 과제가 있기 때문에 해당 기능은 2024~2025년경 즈음에 탑재되리라 예상되고 있습니다. 심박수, 혈압, 혈당치와 같은 건강 정보까지 애플워치만 가지고 측정, 관찰할 수 있고, 이상 사태가 발생했을 때 의료기관에 긴급 통지할 수 있게 된다면 애플 헬스케어 시장의 플랫폼화는 크게 발전하게 됩니다. 그리고 이 플랫폼에서 애플의 에코 시스템이 형성된다면 기업 가치도 크게 상승할 것입니다.

✅ 세계 최초로 시가 총액 3조 달러 돌파

헬스케어 분야의 플랫폼화를 고려하지 않더라도 이미 애플이라는 회사의 기업 가치는 타의 추종을 불허할 정도로 높아져 있습니다. 기업 가치를 평가하는 지표 중 하나로 시가총액이 있습니다. 이 지표는 현재 주가에 발행 완료한 주식 수를 곱해서 얻을 수 있는 수치로, 기업 규모와 가치, 업계에서 속한 위치를 나타냄과 동시에 해당 기업이 시장에서 어떻게 평가되는지 알 수 있습니다.

'시가 총액=주가발행 완료된 주식 수'라는 계산식에 따라 기업 시가 총액을 간단히 계산할 수 있습니다. 각 기업을 계산한 결과 수치가 어느 정도인지에 따라 업계에서 어떤 위치에 있는지도 파악할 수 있습니다.

이와 관련하여 2023년 4월 초순의 미국 기업 시가 총액은 다음 페이지의 표5-1과 같습니다. 해당 표에서 알 수 있듯이 시가 총액이 가장 높은 것은 애플의 2조 6,052억 달러(약 3,390조 원)이며, 그다음으로 마이크로소프트와 아마존이 뒤를 잇고 있습니다. 그리고 GAFAM에 속한 모든 기업이 상위 10개 기업 안에 포함되어 있습니다. 바꾸어 말하면 GAFAM은 그만큼 가치가 높은 기업이라고도 할 수 있는 것입니다.

같은 날 기준으로 일본 기업 시가총액 상위 10개 사는 표5-2와 같

습니다. 가장 높은 곳은 도요타자동차이며, 시가 총액은 36조 4,884억 엔(약 333조 원)입니다. 애플의 시가 총액이 도요타의 10배 가까이나 되는 것입니다.

애플 시가 총액이 2022년 초에 3조 달러를 넘은 적이 있습니다. 당시 환율로는 약 3,600조 원이며, 세계 최초의 금액이었습니다. 애플은 이미 2018년 8월에 미국 기업으로는 처음으로 시가 총액 1조 달러를 넘겨 세계에 충격을 가져다준 바 있습니다. 게다가 1개월 후에는 아마존까지 1조 달러를 돌파해 다시 한번 세계를 놀라게 했습니다.

애플은 2년 후인 2020년 8월에 시가 총액 2조 달러를 초과했으며, 그로부터 1년 4개월 후에 3조 달러를 넘기게 된 것입니다. 전 세계가 코로나 사태로 고통받던 시기인 2020년과 2021년에는 빅테크 기업이 코로나 특수에 열광했지만, 다른 기업과는 달리 애플은 아이폰이나 아이패드, 애플워치와 같은 베스트셀러 제품을 계속 발매하면서 메타버스와 자율 주행이라는 분야에도 도전했습니다. 이렇게 공격적인 자세를 취한 것이 투자가들에게 환영받은 것 같습니다. 시가 총액 3억 달러를 초과하는 위업에는 그러한 전 세계의 기대감이 포함되어 있다고 해도 과언이 아닙니다.

✅ 애플은 일시해고를 피할 수 있을까

애플이 시가 총액 3조 달러를 넘길 수 있었던 이유에는 코로나19 특수의 영향도 있습니다. 하지만 2022년 후반부터 2023년에 걸친 기간 동안 특수에 열광하던 빅테크 기업들의 상황이 완전히 바뀌면서 일시해고의 광풍이 거칠게 불기 시작했습니다.

나라들은 저마다 다르게 대응했지만, 결과적으로는 신종 코로나바이러스 방역을 무기한으로 지속하는 것보다도 경제 회복을 중요시하고 위드 코로나를 받아들이자는 주장이 조금씩 강해지고 있었습니다. 이와 동시에 유럽 당국의 규제 강화나 디지털 홍보 및 애플리케이션 결제 등 빅테크의 플랫폼 사업에 대한 규제가 확산되면서 특수로 증원했던 인력을 해고하려는 움직임이 활발해졌습니다. 미국 테크놀로지 업계에서는 2022년에만 약 24만 명 이상의 인원을 감축했으며, 2023년 1월에도 추가로 10만 명 이상이 일시해고되었습니다.

GAFAM도 예외는 아니었습니다. 2023년 1월에만 약 5만 명을 일시해고한 것입니다. 2023년 4월에 들어서면서 애플에서도 일시해고를 검토하고 있다는 뉴스가 날아들었습니다. 극히 한정된 규모이기는 하지만 정사원을 해고하기로 계획하고 있다고 블룸버그가 보도했습니다.

대다수 관계자는 애플이 다른 회사보다도 수익성이 높고 막대한 자금을 보유하고 있기에 일시해고를 실시하지 않으리라 전망하고 있습니다. 기업 이미지를 실추시키며 경제에도 악영향을 미치기 때문입니다. 또한 팀 쿡 CEO는 결산 설명회에서 사원들을 해고하는 것은 최후의 수단이라고 말한 적이 있습니다. 실제로 2023년에는 보수를 대폭 줄여야만 한다고 쿡 스스로도 보수 위원회에 제안한 바 있습니다.

다른 빅테크 회사와는 다르게 애플은 펜데믹 상황 속에서도 사원들을 대거 채용하지 않았습니다. 반대로 2022년 11월에는 연구 개발을 제외한 대부분의 부서에서 채용을 일시 중단했으며 2023년 3월에는 채용 동결을 확대했습니다. 일부 사원들의 보너스 지불이 연기되었다는 보도도 있었습니다.

실제로 일시해고가 어느 정도로 이루어질 것인지는 향후의 동향을 살펴보는 수밖에 없습니다. 애플에서는 이를 일시해고가 아니라 효율화의 일환이라고 평가하는 듯합니다. 또한 만약 일시해고가 일어난다면 대상이 되는 사원에게는 재취업하도록 지원할 것이라고 약속했습니다.

코로나 특수로 인원을 대폭 증원한 빅테크 기업들의 상황이 완전히 바뀌어 일시해고의 광풍이 불었습니다. 여기에 애플도 더해진다면 빅테크의 미래에 암운이 드리우는 것이라고 볼 수 있을까요? 웹 3.0을 비롯한 대중적인 차세대 네트워크 기술이나 공개되자마자 폭발적인 인기를 끈 챗GPT의 등장처럼 IT 업계의 근간을 뒤흔들 상황이 계속 발생하는 가운데 애플의 일시해고가 빅테크의 미래를 결정할 주사위가 되지 않기를 바랄 뿐입니다.

☑️ 애플의 다음 목표

메타버스 도전이나 헬스케어 플랫폼 제작 등, 애플의 다음 한 수가 조금씩 드러나고 있습니다. 과연 애플이 목표로 하는 것은 무엇일까요. 애플은 컴퓨터를 시작으로 맥, 아이패드, 아이폰, 애플워치처럼 세련된 디자인과 혁신적인 기능을 가진 제품을 계속해서 발매해 왔습니다. 빅테크, IT 기업이라고는 하지만 실제로는 제품을 만드는 데 뛰어나다는 특성도 지니고 있습니다.

게다가 아이팟이나 아이폰, 애플워치와 같은 하드웨어를 주축으로 음악, 애플리케이션, 디지털 콘텐츠, 헬스 데이터 등의 플랫폼을 전개해 제품 판매 이상으로 큰 수익을 창출하고 있습니다. 메타버스와 관련해서도 애플은 동일한 양상을 보이고 있습니다. 애플 비전 프로를 제작하고 판매하는 방법으로 독자적인 메타버스 플랫폼 구축을 목표로 하려는 것일 것입니다.

AI와 관련해서는 어떨까요. 챗GPT가 등장하면서 마이크로소프트에서는 '새로운 빙'을 시작했으며, 구글에서는 바드를 발표했습니다. 그런데 애플에서는 AI에 관한 제품이나 서비스에 대한 소식이 전혀 들리지 않고 있습니다.

애플은 고객 프라이버시를 중요하게 생각하며, 개인 데이터를 이용 및 활용하지 않을 것이라고 선언했습니다. 이 점은 AI 전략에 큰 영향을 미칠 수밖에 없습니다. 빅데이터와 AI 시대에 개인 데이터를 활용하지 않는다면 AI 분야에서 뒤처질 수밖에 없다는 지적도 있습니다. 그렇다면 애플은 정말 AI 분야에서 뒤처져 있는 상태일까요? 혹시 정말로 뒤처져 있기 때문에 개인 데이터를 이용, 활용하지 않겠다고 선언한 것은 아닐까요.

사실 2023년 3월에 《뉴욕 타임스》에서는 애플이 챗GPT와 유사한 기술을 개발하고 있다고 보도했습니다. 애플은 사내에서 'WWDC for AI'라는 인공지능 관련 이벤트를 개최했고, 인공지능 기술 개발에도 주력하고 있습니다. 이것은 아이폰에 탑재되어 있는 인공지능 비서 '시리'를 개선하기 위해서도 필요한 기술이기 때문입니다.

결론부터 말해 애플과 같은 기업이 오픈AI나 마이크로소프트, 구글이 치열한 다툼을 벌이고 있는 AI 분야에 관심을 가지지 않을 리가 없습니다. 다만 애플이 뛰어난 제품을 제작하는 기업이기는 하지만, 애플이 만드는 제품이 세계 최초거나 업계 최초, 역대 최초이지는 않았습니다. 예를 들어 음악 플레이어인 아이팟은 많은 기업들에서 MP3 플레이어를 출시한 다음에야 판매를 시작했습니다. 아이폰 역시 세계 최초의 스마트폰은 아니었습니다. 애플워치조차도 이미 다양한 기업들이 스마트 밴드나 워치를 출시한 다음에 등장한 기기입니다.

애플에게 AI란 지금은 마이크로소프트와 구글의 치열한 경쟁을 바라보고 있는 단계일 수 있습니다. 개중에는 발 빠르게 챗GPT 사용을 금지한 나라들도 있는 만큼 이러한 상황에서 어떤 AI를 만들어야 할지 끝까지 확인해 보려고 하는 것일 수도 있겠습니다.

물론 애플에서 프라이버시를 중시하기 위해 대단한 노력을 기울이고 있다는 측면도 있습니다. 개인정보 중시 정책으로 사용자들이 신뢰와 안도를 느끼게 하기도 하고, 최소한의 개인정보를 이용한 애플워치로 생명을 잃을 뻔한 상황에서 도움을 받았다는 사례가 애플 제품에 대한 충성도를 높여주기도 합니다.

애플이 AI 분야에 뛰어들지 않을 것이라는 선택지는 결코 존재하지 않습니다. 그러나 분명 지금과는 다른 형태의 제품이나 서비스를 고안해낸 다음에 투입할 것입니다. 그때가 되면 애플은 AI 플랫폼을 제공하는 측이 될 것이며 기업 가치를 더욱 높여나가게 될 것이라 예측할 수 있습니다.

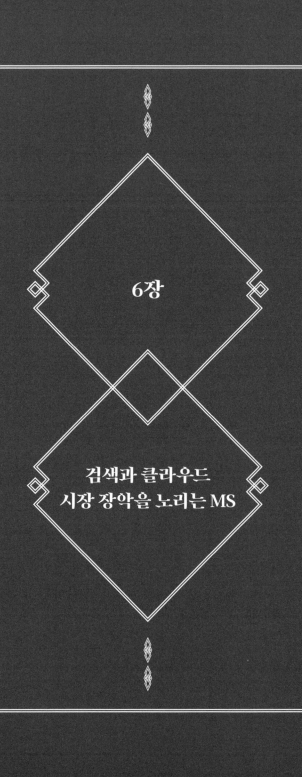

6장

검색과 클라우드
시장 장악을 노리는 MS

☑ 속 빈 강정?

이 책에서는 GAFAM, 다시 말해 구글, 아마존, 페이스북(메타플랫폼스), 애플, 마이크로소프트에 테슬라를 더한 여섯 개 빅테크 기업을 다루고 있습니다. 이 분류가 절대적인 것은 아닙니다. 미국에서는 GAFA로 '빅4'를 묶거나 여기에 마이크로소프트를 더해 '빅5'라고 부르는 것이 일반적입니다.

그러나 실적만 놓고 보면 마이크로소프트를 그저 다섯 번째 기업이라고 분류할 수만은 없을 것입니다. 2022년 각 기업 상황에 따르면 마이크로소프트는 메타를 제치고 네 번째의 매출을 기록했습니다.(그림6-1. 결산 시기에는 차이가 있습니다)

여기에 순이익을 기준으로 삼으면 마이크로소프트는 두 번째로 많은 이익을 달성했습니다. 덧붙여 메타나 아마존의 이익은 낮은 편인

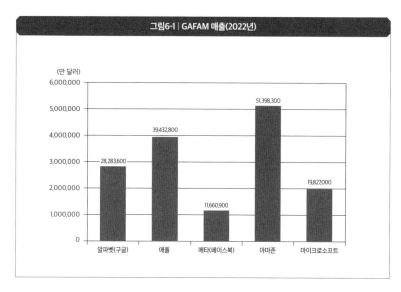

그림6-1 | GAFAM 매출(2022년)

(만 달러)

알파벳(구글) 28,283,600
애플 39,432,800
메타(페이스북) 11,660,900
아마존 51,398,300
마이크로소프트 19,827,000

※ 결산기 말은 애플이 9월 말, 마이크로소프트는 6월 말

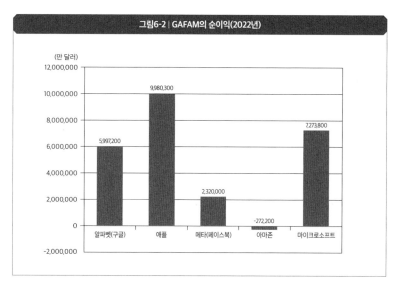

그림6-2 | GAFAM의 순이익(2022년)

(만 달러)

알파벳(구글) 5,997,200
애플 9,980,300
메타(페이스북) 2,320,000
아마존 -272,200
마이크로소프트 7,273,800

※ 결산기 말은 애플이 9월 말, 마이크로소프트는 6월 말

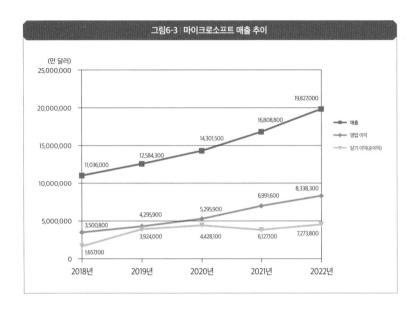

그림6-3 | 마이크로소프트 매출 추이

(만 달러)

- ■ 매출
- ◆ 영업 이익
- ▲ 당기 이익(순이익)

2018년 — 11,036,000 / 3,500,800 / 1,657,100
2019년 — 12,584,300 / 4,295,900 / 3,924,000
2020년 — 14,301,500 / 5,295,900 / 4,428,100
2021년 — 16,808,800 / 6,991,600 / 6,127,100
2022년 — 19,827,000 / 8,338,300 / 7,273,800

데 특히 아마존은 마이너스를 기록했습니다.(그림6-2) 단, 설비 투자 같은 분야에 지출하는 경우에는 표면상 이익이 줄어들기 때문에 실적이 그래프와 동일하다고 할 수는 없으므로 주의해야 합니다.

GAFAM 중에서도 매출, 순이익 모두 높은 수치를 기록한 마이크로소프트이지만, 사실 내실이 좋다고는 하기 힘듭니다. 최근 5년간 마이크로소프트의 매출, 영업 이익, 순이익 추이를 그래프로 만들어 보면 우측 상단으로 오름 추세를 보여서 순조롭게 성장하고 있는 것처럼 보입니다.(그림6-3)

그러나 2022년 10~12월기 실적을 살펴보면 매출이 527억 4,700만 달러이고 영업 이익은 203억 9,900만 달러, 순이익은 164억 2,500만 달러입니다. 매출은 전년 동기 대비 증가하기는 했지만 겨우 2%일 뿐이며, 증가율만 놓고 보면 약 6년 만에 처음으로 10%를 밑도는 수치를 기록했습니다. 게다가 영업 이익은 전년 동기 대비 8.6%가 줄어들었고, 순이익도 동기 대비 12.6% 감소했습니다.

GAFAM 기업들 중에서는 그래도 힘을 내고 있는 편이지만, 마이크로소프트라는 이름값에는 미치지 못하는 수치를 기록한 것입니다. 코로나 부메랑 효과의 후유증과 함께 GAFAM 제국이 몰락을 맞이하려고 하는 것일까요.

☑ 마이크로소프트 사업별 매출

2022년 마이크로소프트의 수입률은 2017년 이래 가장 낮은 수준이었으며, 순이익도 12%가 줄어들었습니다. 이에 대해서는 GAFAM의 다른 기업들과 마찬가지로 몇 가지 원인을 꼽을 수 있습니다.

먼저 경기 침체 때문입니다. 경제의 행방이 불투명하기 때문에 컴퓨터나 소프트웨어에 지출하는 비용이 줄어들었습니다. 따라서 윈도우나 오피스 제품, 게임과 같은 마이크로소프트의 주력 제품들이 큰 영향을 받은 것입니다.

마이크로소프트는 1975년에 빌 게이츠와 폴 앨런이 미국 워싱턴주에서 창업한 회사입니다. 처음으로 출시한 제품은 8비트 마이크로프로세서를 탑재한 컴퓨터상에서 작동하는 베이직 인터프리터(프로그래밍 언어의 코드를 바로 실행하는 프로그램)였습니다. 이렇듯 원래는 컴퓨터 제조 판매 회사로 시작했던 마이크로소프트가 이후 컴퓨터의 주류가

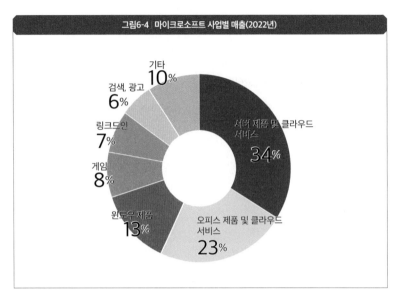

되는 IBM PC 오퍼레이팅 시스템 개발을 통해 단숨에 성장했으며 윈도우 개발, 오피스용 소프트, 웹브라우저 등으로 소프트웨어계의 거인으로 성장했습니다.

2001년에는 비디오게임기 Xbox를 발매해 게임업계로도 진출했습니다. 뿐만 아니라 2009년에는 검색 엔진인 빙(Bing)을, 2010년에는 클라우드 서비스인 애저(Azure)를 시작했습니다. 원래 소프트웨어 회사로 시작한 마이크로소프트였지만 이처럼 게임이나 클라우드 서비스 진출을 통해 수익의 다각화를 꾀하고 있습니다.

2022년 사업별 매출을 보면 클라우드 서비스 관련이 57%로 가장 높은 비율을 차지하고 있습니다.(그림6-4) 그다음으로는 윈도우 제품이

13%, 게임 관련, 링크드인(LinkedIn, 비즈니스 특화형 SNS), 검색·광고 관련 분야가 그 뒤를 잇고 있습니다. 매출 구성을 살펴보면 밸런스가 좋다고 할 수 있기 때문에 순간적인 경기에 좌우되지는 않지만, 전반적인 경기 침체에 따른 컴퓨터나 게임 지출 감소에는 영향을 받고 있는 듯합니다. 게다가 최근에는 컴퓨터보다 스마트폰이나 태블릿 사용자가 많아져 윈도우나 오피스 제품 같은 컴퓨터 소프트웨어에서 수익을 창출하기 어려운 시대가 되었습니다.

사업별 매출에서도 알 수 있듯이 이미 마이크로소프트는 소프트웨어를 제조하고 판매하는 회사가 아니라 클라우드 서비스를 주류로 하는 총합 IT 기업이라고 해도 좋을 것입니다. 그리고 현재 주력으로 밀고 있는 서비스는 애저라고 하는 클라우드 서비스입니다. 애저의 매출은 전년 동기 대비 31%가 늘어났는데, 이 중 클라우드에서 이용하는 오피스365나 기업 영업에 활용하는 다이나믹스365 클라우드 서비스의 전체 매출은 전년 동기 대비 22%가 증가했습니다.

그러나 이것 역시도 2018년 이후에는 가장 낮은 증가율을 보이고 있습니다. 주력으로 밀고 있는 사업이 침체 상태에 빠진 것은 라이벌과 점유율을 겨루는 상황으로 바뀌고 있기 때문입니다. 아마존의 AWS, 구글의 구글 클라우드 그리고 마이크로소프트 애저, 이렇게 세 곳이 클라우드 시장의 6할 이상을 차지하고 있습니다. 최근에는 중국의 알리바바도 참전했기 때문에 이 분야는 더욱 치열한 점유율 싸움이 벌어질 것입니다. 마이크로소프트의 매출이 증가했다고는 하지만 이러한 몇 가지 부정적인 요인들이 있기에 결코 방심할 수 없는 상황이 전개되고 있습니다.

✅ 브라우저 전쟁에 재도전

마이크로소프트는 일찍이 1990년대 후반부터 IT 업계에서 하나의 거대한 제국을 구축했습니다. 컴퓨터 보급과 인터넷 개방 그리고 비즈니스 분야가 IT화되면서 봄날을 맞이했다고 해도 과언이 아닙니다. 컴퓨터 OS인 윈도우와 회사 사무용 오피스 소프트웨어를 통해 사실상 업계 표준으로 등극했습니다.

이 때문에 1997년 미국 사법부는 마이크로소프트를 독점금지법 위반으로 제소했습니다. 이 재판은 결국 마이크로소프트의 승리로 끝났지만 2004년에는 유럽연합이 마이크로소프트가 윈도우의 지배적인 지위를 활용해 경쟁 법을 위반했다는 혐의로 약 4억 9,720만 유로(당시 약 7,000억 원)에 해당하는 제재금 부과 결정을 시작으로 10년간 2조 원 이상의 벌금을 부과했고 마이크로소프트는 일부나마 돈을 내야만 했습니다.

단일 기업에 점유율이 집중되는 상황은 OS나 오피스 이외의 분야에서도 발생하고 있습니다. 예를 들면 웹브라우저(인터넷 열람용 소프트웨어)가 있습니다. 초기에는 마이크로소프트의 인터넷익스플로러(IE)와 넷스케이프사의 넷스케이프(Netscape)가 시장을 양분하고 있었지만 1995년에 익스플로러를 탑재한 윈도우95가 발매된 다음 압도적인 셰어를 확보하게 되었습니다.

하지만 2009년에 구글에서 내놓은 크롬(Chrome) 때문에 익스플로러는 선두에서 밀려나게 되었습니다. 결국 마이크로소프트는 2013년 윈도우10 출시와 동시에 익스플로러 개발을 종료했으며 새로운 브라

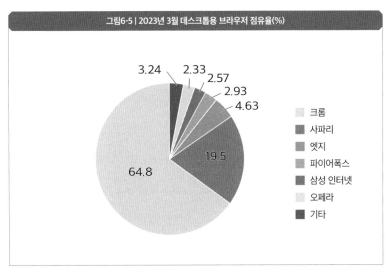

▲ 출처: 스탯카운터

우저인 엣지(Edge)를 출시했습니다. 그러나 아직도 크롬의 아성은 무너지지 않고 있으며 엣지는 계속 고전하고 있습니다. 웹 트래픽을 분석하는 스탯카운터(StatCounter)에 따르면 2023년 3월 기준 데스크톱용 브라우저 점유율은 크롬이 64.8%로 여전히 선두를 달리고 있으며, 맥용 브라우저 사파리(Safari)가 19.5%로 뒤를 이었고 엣지는 겨우 4.63%로 3위를 기록했습니다.(그림6-5)

스탯카운터에서는 과거의 점유율까지 확인할 수 있는데, 크롬이 배포된 2009년까지 거슬러 올라가면 크롬과 익스플로러의 역사를 확인할 수 있습니다. 당시에는 익스플로러의 셰어가 약 64%나 되었습니다. 그런데 크롬 배포가 시작하자 순식간에 점유율이 떨어지기 시작했고, 2012년을 기점으로 입장이 역전되더니 2014년에는 사파리에도 밀려나 최근 몇 년 동안은 2~3%로 계속 침체되어 있습니다.

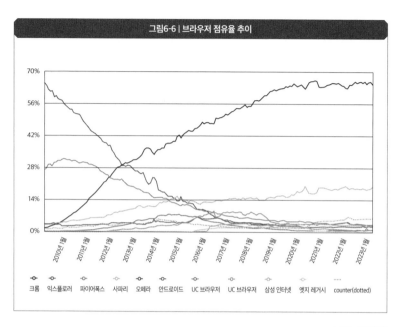

▲ 출처: 스탯카운터

　브라우저 셰어가 떨어진 상황만으로는 마이크로소프트의 본업에 그렇게 큰 영향을 미치지는 않았을 것입니다. 사업별 매출 비율을 보더라도 브라우저는 전체의 6%에 지나지 않습니다. 그러나 구글에서 배포하는 크롬은 당연히 구글 검색이나 서비스와 친화성이 높고 검색, 메일, 온라인 오피스 애플리케이션, 클라우드 같은 서비스에서도 그 영향이 드러납니다. 실제로 검색 서비스에서는 구글이 압도적인 셰어를 자랑하며, 마이크로소프트에서 제공하는 빙의 셰어는 겨우 2.8%에 지나지 않습니다.(그림6-7)

　마이크로소프트도 익스플로러의 실패를 보완하기 위해 검색 결과에 광고를 내보내거나 포털 사이트를 통해 뉴스 기사나 광고를 자

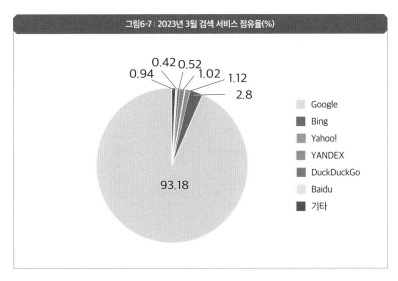

▲ 출처: 스탯카운터

동적으로 표시할 수 있는 기능을 빙에 도입하였습니다. 앞으로 빙이 나 엣지 사용자가 늘어난다면 구글에 집중되어 있는 아성에 침투할 수도 있습니다.

☑ 챗GPT를 검색에 도입

2023년 초에 마이크로소프트는 자사 검색 서비스 빙에 AI를 탑재 한 '새로운 빙'을 발표했습니다. 빙에 탑재된 AI는 2023년 세계를 뒤흔 들었던 오픈AI의 챗GPT 차세대 모델이었습니다. 챗GPT는 AI 챗봇 이라고 불리는 서비스로, 원어로는 Generative Pre-trained Transformer, 번역하면 '생성 가능한 사전 학습 완료 변환기'라는 의미의 프로그램

그림6-8 '새로운 빙' 코파일럿 생성형 AI를 활용한 검색 사례

GAFAM

Copilot

GAFAM은 Google, Apple, Facebook, Amazon, Microsoft의 약자로, 글로벌 주식 시장에서 성장한 거대 기술 기업들을 나타냅니다. 이들 기업은 각자 고유한 강점을 가지며, 디지털 환경에서 중요한 역할을 합니다:

1. **Gooale**: 검색 엔진과 광고 지배력을 갖춘 Gooale은 디지털 정보 무대를 설정합니다.

무엇이든 물어보세요

0/2000

입니다. '텍스트 생성 AI'라고도 불리는데, 질문을 입력하면 자연스러운 문장으로 대답해 주는 기능을 탑재한 서비스입니다.

챗GPT를 검색에 도입한다는 막연한 말만으로는 무엇을 의미하는지 와닿지 않을 것입니다. 그러나 실제로 사용해 보면 대단히 편리하다는 것을 느낄 수 있습니다.

브라우저 엣지로 빙에 접속해 검색창에 키워드를 입력하고 검색을 합니다. 검색 결과가 표시되면 상부 메뉴에서 '챗'을 선택합니다. 그러면 새로운 빙의 챗 화면으로 바뀌며, 방금 검색한 키워드나 질문에 대한 대답과 AI가 생성한 대답이 표시됩니다.

이렇게 표시된 AI의 답변 아래에는 상세 정보와 추가 질문들이 나열됩니다. 이 질문을 클릭해 나가는 것으로 궁금했던 점에 대한 대답을 점차 파악할 수 있습니다. 또한 상세 정보를 보면 AI로 생성된 답변

에서 참조한 사이트나 관련된 사이트가 표시됩니다.(그림6-8)

인터넷 내에서 검색하는 것뿐이라면 딱히 AI가 탑재되어 있지 않아도 그다지 불편함은 없을 것입니다. 그러나 검색 결과에서 표시된 사이트에 여러 번 접속하는 것은 상당히 귀찮습니다. 챗 화면에 표시된 대답이 만족스럽다면 이 단계에서 검색이 종료됩니다. 그리고 의문이 가는 점이 있다면 상세 정보에서 링크를 클릭해서 내용을 살펴보거나, 새롭게 구체적인 질문으로 바꿔서 물어볼 수도 있습니다.

'새로운 빙'은 지금까지의 검색 개념을 바꿀 가능성도 내포하고 있습니다. 마이크로소프트가 검색 서비스에 AI를 도입한 것은 바로 이 한 가지 이유 때문일 것입니다. 구글에서 독점하고 있는 검색 분야를 마이크로소프트에서 되찾아오려고 하는 의욕도 엿볼 수 있습니다.

☑ 마이크로소프트와 챗GPT의 조합

마이크로소프트가 텍스트 생성형 AI를 도입한 것은 검색 분야뿐만이 아닙니다. 마이크로소프트는 새로운 빙에 이어 워드나 엑셀 같은 오피스 애플리케이션을 클라우드상에서 이용할 수 있는 오피스 365에 AI 기능을 탑재한 '마이크로소프트365 코파일럿(이하 코파일럿)'을 발표했습니다. 온라인 회의를 할 수 있는 '마이크로소프트 팀즈'의 프리미엄판에도 AI 기능을 탑재했습니다.

검색 기능에 국한하지 않고 다양한 온라인 애플리케이션에 AI 기능을 탑재하려고 하는 것입니다.

예를 들어 팀즈 프리미엄에서 온라인 회의를 하면 AI가 즉시 자동으로 내용을 정리해 줍니다. 음성 인식 기능을 통해서 녹음한 내용을 텍스트로 변환해 주는 기능은 지금도 사용할 수 있지만, 이것을 AI가 자동으로 작성해 주는 것입니다. 설정에 따라서는 회의를 정리한 요약본을 만들어주기까지 합니다.

오피스 제품에 AI가 탑재되면 기존 업무가 극적으로 변화합니다. 코파일럿 발표 석상에서 비즈니스 애플리케이션 담당 부사장인 제라드 스파타로(Jerad Spataro)는 "새로운 AI 시스템을 통해 업무상의 고충을 해결할 수 있을 것"이라고 말한 바 있습니다. 예를 들어 딸의 졸업을 축하하는 10페이지짜리 슬라이드를 파워포인트로 작성하려 하는 경우를 가정해 봅시다. AI에게 지시를 하면 마이크로소프트 온라인 저장 공간 서비스인 원드라이브에서 사진이나 정보를 가져오고, 이를 바탕으로 스토리가 있는 슬라이드를 만들어 줍니다. 문장의 길이를 줄이거나 화상을 편집해서 애니메이션을 만들기도 하고, 상대방에게 보낼 메시지를 자동으로 작성해 주기도 합니다.

위의 내용을 업무로 전환해서 생각해 보면 이 기능이 얼마나 편리한지 알 수 있습니다. 진행하고 있는 프로젝트 자료를 원드라이브에 보존하기만 하면 AI가 자동으로 프레젠테이션 자료를 작성해 줍니다. 비즈니스 메일도 내용에 알맞게 자동으로 작성해 줍니다. 코파일럿 기능을 사용하기만 하면 업무 생산성이 몇 배나 증가하는 것입니다.

AI 탑재는 빙에서 시작해서 오피스 계열 애플리케이션으로 파급되었으며 다이나믹스 365 등 법인용 제품에도 탑재됩니다. 이 흐름은 당분간 사그라지지 않을 것입니다. 빅테크의 다음 타깃은 이 생성형

AI라고 해도 좋을 것입니다.

검색에 AI를 뒤늦게 탑재한 구글은 마이크로소프트에서 코파일럿을 발표하기 이틀 전인 2023년 3월 14일에 구글 워크 스페이스와 구글 클라우드에 새로운 생성형 AI를 도입할 것이라고 발표했습니다. 구글에는 마이크로소프트 오피스 365와 마찬가지로 온라인에서 서류나 표를 계산하고, 프레젠테이션 자료를 작성할 수 있는 구글 도큐먼트라는 기능이 있습니다. 여기에 AI 기능을 도입하려 하는 것입니다.

예를 들어 구글 워크 스페이스 도큐먼트에서 신입 사원을 환영하는 환영 인사가 담긴 메일의 초고를 작성하려고 하는 경우, 필수 사항만 기입하면 나머지는 AI가 초고를 작성하고 메시지를 추가하거나 생략해야 할 부분을 제안해 주며, 작성한 문장을 수정해 줍니다. 생산성을 높이기 위해 AI를 유용하게 활용할 수 있는 것입니다.

마이크로소프트와 구글의 AI 전쟁이 발발했다고 표현해도 될 정도입니다. 다른 빅테크 기업 역시 이 경쟁을 바라보고 있지만은 않을 것입니다. AI 분야는 빅테크 기업들의 새로운 전쟁터가 되고 있습니다.

✅ 마이크로소프트의 생성형 AI

챗GPT나 새로운 빙에는 텍스트 생성형 AI라는 기술이 도입되었습니다. 질문한 내용에 대한 대답이나 지시한 명령에 따라 AI는 문장으로 답변을 제시합니다. 그러나 질문이나 요청 사항에 따라서는 문장으로 표현하기 힘든 것도 있습니다. 이해하기 쉬운 예시로 동영상이나 사진을 들 수 있겠습니다. 물론 이미 구글이나 빙에서는 키워드를 입력해서 검색하기만 하면 관련된 동영상이나 사진을 표시해 줍니다.

하지만 예를 들어 '비가 내리는 날에 전철 창문에서 벚꽃을 바라본 풍경'이라고 입력하면 적절한 사진을 표시해 주지는 못합니다. 구글에서는 입력한 단어에 가장 가까운 사진을 검색하고 표시해 주지만, 생각한 것과는 다른 결과를 보여주는 경우도 많습니다.

그러나 이를 가능하게 해주는 것이 바로 생성형 AI입니다. 여기에는 챗GPT 등에서 사용하는 텍스트 생성형 AI 외에도 그림이나 음성, 프로그램, 구조화 데이터처럼 다양한 콘텐츠를 생성할 수 있는 AI들이 있습니다.

그림6-9 | 노블AI 메인 페이지 화면

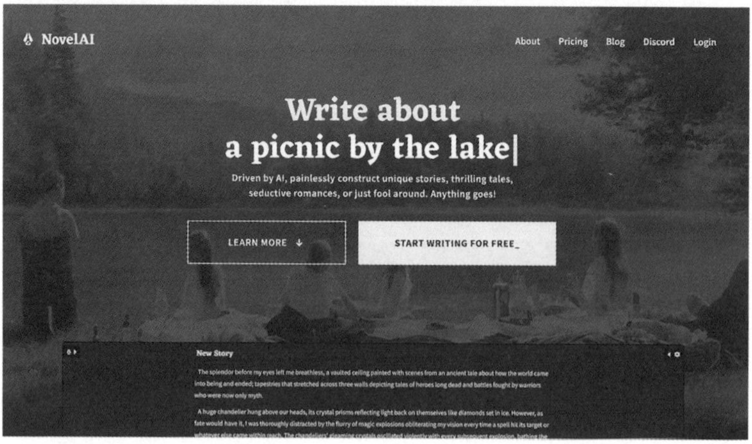

● 누구나 손쉽게 화상 생성형 AI를 활용해서 동영상을 만들 수 있다

그림6-10 | 마이크로소프트 빙 이미지 크리에이터로 제작한 빅테크 이미지

그림 생성형 AI는 이미 서비스를 제공하고 있습니다. 이 분야에는 미국 안라탄(Anlatan)사의 노블AI(그림6-9)나 뮌헨 대학이 개발한 스테이블디퓨전 등이 있으며, 'AI 피카소' 같은 스마트폰 애플리케이션도 인기가 있습니다.

마이크로소프트도 그림 생성 AI 분야에 뛰어들었습니다. 2023년 3월에는 누구나 손쉽게 이미지나 사진을 만들 수 있는 서비스 '빙 이

미지 크리에이터'를 발표했습니다.(그림6-10)

새로운 빙 AI를 활용한 챗은 마이크로소프트 엣지에서만 사용할 수 있습니다만 빙 이미지 크리에이터는 엣지 이외의 브라우저에서도 사용할 수 있습니다. 사이트에 접속한 다음, 검색 창에 제작하고 싶은 이미지를 구체적인 표현으로 지정하면 됩니다. 몇 초 만에 지시를 반영하여 제작한 이미지 네 장이 표시됩니다. 마음에 드는 이미지를 클릭하고 표시된 페이지에서 다운로드를 선택하면 파일을 컴퓨터에 저장할 수 있습니다. 이 이미지는 메일에 첨부하거나 프레젠테이션용으로 사용하는 등 다양한 방법으로 활용할 수 있습니다. 처음에는 한국어 대응이 되지 않았지만 2023년 5월부터 한국어로도 지시가 가능해졌습니다.

최근에는 이러한 생성형 AI를 활용해서 만든 이미지를 모은 사진집이나 일러스트집이 아마존 등에서 판매되고 있습니다. 이처럼 생성형 AI의 수요는 앞으로 더욱 높아질 것이기에 마이크로소프트가 재빨리 뛰어든 것입니다. 텍스트 생성형 AI, 그림 생성형 AI와 같은 서비스를 연이어 제공하기 시작한 마이크로소프트가 이러한 서비스로 어떻게 이익을 창출할 것인지는 향후 생성형 AI가 얼마나 발전하느냐에 달려있다고 할 수 있습니다.

✅ 클라우드 사업과 오픈AI에 투자

마이크로소프트는 새로운 빙에 오픈AI의 챗GPT를 탑재했습니

그림6-11 | 챗GPT로 생성한 텍스트 예시

그림6-11 | 챗GPT로 생성한 텍스트 예시

다. 실제로는 챗GPT에 GPT-3.5라는 언어 모델을 도입했고, 빙에는 그보다 신규 버전인 GPT-4를 도입한 것입니다. 이에 따라 생성되는 텍스트의 정밀도가 현격히 증가했습니다.(그림6-11)

오픈AI는 원래 2015년에 미국 기업가이자 프로그래머인 샘 올트먼과 테슬라의 CEO 일론 머스크가 설립했습니다. 그런데 2018년에 일론 머스크는 이익이 상충될 위험이 있다는 이유로 오픈AI에서 손을 뗐으며 임원직도 사임했습니다. 소문에 의하면 이대로는 구글 인공지능에 질 수밖에 없다고 하면서 직접 진두지휘를 하려고 했지만, 다른 공동 창업자들이 거세게 반발해 결국 손을 뗐다는 이야기도 전해지고 있습니다.

이와 별도로 일론 머스크는 GPT-4보다 강력한 AI 시스템을 개발하는 것을 적어도 6개월 동안 중지하도록 요청하는 공개편지에 서명했습니다. 본인이 직접 기업을 창설해 놓고는 심지어 개발 중지를 요청하기까지 하자, 어떤 다른 의도가 있는 것이 아닌지 의심받고 있을 정도입니다.

2019년 7월에 마이크로소프트사는 오픈AI에 10억 달러 이상을 출자했으며 2023년 1월에는 100억 달러를 출자해 오픈AI 주식의 49%를 손에 넣었습니다. 여기에서 마이크로소프트가 오픈AI의 챗GPT를 사용해 어떠한 이익을 창출하려 하고 있음을 엿볼 수 있습니다. 빙에 챗GPT를 도입한 것만 보아도 마이크로소프트가 AI 분야에 대해 예사롭지 않은 흥미와 관심을 가지고 있다는 점은 확실하며, 이를 활용해 어떻게 기업의 이익 창출로 연결할지를 고민하는 단계에 접어들었다고 할 수 있습니다.

빙이나 빙 이미지 크리에이터에 AI를 탑재하기도 하고 오피스365나 팀즈, 더 나아가 링크드 인에 AI 기능을 탑재하는 등 마이크로소프트에서 AI를 활용할 기초는 갖추어져 있습니다. 2022년 결산을 보더라도 마이크로소프트에서는 컨슈머 분야의 침체를 클라우드 사업으로 만회하고 있음을 알 수 있습니다. 그러나 클라우드 사업 분야에서는 아마존, 마이크로소프트, 구글 이렇게 3사가 격렬한 공방을 펼치고 있습니다.

세 기업이 클라우드 분야에서 경합을 벌이면, 마이크로소프트가 오랜 기간 동안 법인과 거래 관계를 유지해온 점이 유리하게 작용할 듯 합니다. 게다가 여기에 AI가 도입되면 아마존의 아성을 무너뜨릴 가능성도 있습니다. 그런 의미에서 마이크로소프트의 전략은 대단히 중요한 의미를 가지고 있는 것입니다.

☑ MR은 새로운 플랫폼이 될 것이다

GAFAM은 검색, 클라우드 서비스, 소프트 애플리케이션 플랫폼, SNS, 모바일 단말기 등 다양한 사업에서 강세를 보이고 있지만 기업에 따라서는 그렇지 못한 분야도 있습니다. 예를 들어 구글은 일찍이 2011년에 구글 플러스(Google+)라는 SNS를 운영하기 시작했습니다만 2019년에 서비스를 종료했습니다. 이외에도 수차례에 걸쳐 SNS 시장에 도전했지만 번번히 고배를 마셨습니다.

마이크로소프트는 모바일 계통에 취약합니다. 스마트폰이 전성기를 맞이하던 2010년에 윈도우폰이라는 제품을 발표했지만, 애플의 아이폰과 구글의 안드로이드를 따라잡지 못하고 2014년 윈도우폰 8.1을 마지막으로 업데이트를 중단했으며 2021년에는 지원을 종료했습니다.

대신 다른 GAFAM 기업과는 달리 마이크로소프트사가 강점을 지닌 분야는 게임입니다. 애플이나 구글도 스마트폰용 애플리케이션을 판매하고 있지만, 애플리케이션 자체는 다른 사용자들이나 기업에서 제작한 것입니다. 마이크로소프트가 본격적으로 게임 분야에 뛰어든 것은 21세기 들어서였습니다.

2000년에 시장 참가를 발표한 후 이듬해 가정용 게임기인 Xbox를 발매했으며, 이후 Xbox 360(2005년), Xbox One(2013년), Xbox 시리즈 X(2020년) 등 꾸준히 후속작을 내놓고 있습니다. 닌텐도나 소니와 비교할 정도는 아니지만, 마이크로소프트 매출 내에서는 게임 분야가 약 8% 정도를 차지하고 있어서 GAFAM의 다른 기업들과 비교하면 존재감이 큰 편입니다.

　이러한 게임기기나 자체 게임 소프트웨어 개발 그리고 판매 노하우는 향후 메타버스 분야에도 활용할 수 있을 것입니다. 그도 그럴 것이 마이크로소프트가 세운 향후 전략에서 클라우드와 함께 중점을 두고 있는 분야가 MR이기 때문입니다. 페이스북이 회사 이름을 변경하면서까지 메타버스에 뛰어든 것이나, 애플이 공간 컴퓨터 헤드셋 애플 비전 프로를 내놓은 것처럼 마이크로소프트 역시 MR 분야에 뛰어들려 하고 있습니다.

　마이크로소프트는 MR을 네 번째 플랫폼이라고 지칭했습니다. 1970년대 메인프레임(초대형 컴퓨터) 시대를 첫 번째 플랫폼이라고 한다면, 1990년대의 PC와 2000년대의 스마트폰의 뒤를 이어 네 번째 플랫폼으로 MR이 지목되는 것입니다.

　마이크로소프트가 MR에 뛰어들었을 당시에는 아직 메타버스라는 표현이 일반적으로 사용되지 않았습니다. 그 당시에는 VR이나 AR을 이용한 새로운 게임 개발이나, 건축이나 부동산 업계에 도입하는 아이디어들이 주류를 이뤘습니다. 마이크로소프트는 이러한 VR과 AR을 모두 현실 세계와 가상세계에 융합시키고, 더 나아가 상호 실시간으로 영향을 주고받는 공간인 MR을 목표로 하고 있습니다. 이는 지금의 메타버스에 가장 가까운 아이디어라고 해도 과언이 아닐 것입니다.

　실제로 마이크로소프트는 2016년에 AR, MR에 대응하는 홀로렌즈(HoloLens)라는 고글형 헤드마운트 디스플레이를 판매하기 시작했습니다. 게다가 2019년에는 홀로렌즈의 후속작인 홀로렌즈2를 발매했습니다. 홀로렌즈2는 MR을 체험할 수 있는 제품입니다. 2021년 3월에는 MR 플랫폼 전략의 핵심이라고 할 수 있는 '마이크로소프트 메시(Microsoft Mesh)'를 발표했습니다. 마이크로소프트 메시는 클라우드 사업인 애저를 기반으로 하고 있으며, 마이크로소프트나 서드 파티 사업자가 MR 애플리케이션을 개발하고 이용하기 위한 디바이스나 하드웨어를 만드는 기술 플랫폼입니다.

수차례 얘기했지만 현재는 VR과 AR을 합친 MR이라는 개념이 등장하면서 사용자들이 가상공간과 현실 사이에서 실제적인 커뮤니케이션을 할 수 있는 혼합현실이 새로운 메타버스 개념으로 정착하고 있습니다. 마이크로소프트의 MR 플랫폼 전략은 이 새로운 개념의 메타버스와 관련이 있습니다.

코로나 사태를 경험하면서 비즈니스 현장에서도 재택근무라는 업무 방식에 주목하게 되었고, 일상 업무에 재택근무를 포함하게 되었습니다. MR은 이러한 업무 방식을 추진하는 면에서도 큰 위력을 발휘할 수 있습니다. 마이크로소프트사가 MR을 통해서 머지않아 새로운 스테이지에 서게 될지도 모르겠습니다.

☑ 마이크로소프트가 목표로 하는 앰비언트 컴퓨팅

현재 마이크로소프트는 클라우드 사업을 주력으로 하고 있지만, 앞서 언급한 것처럼 이 분야는 아마존과 점유율을 양분하고 있으며, 구글과 중국 기업도 호시탐탐 그 자리를 노리고 있습니다. 새로운 시장 개척을 위해 검색 서비스 등에 AI를 도입하기도 하고 MR에도 힘을 쏟고 있지만 아마 마이크로소프트가 다음 카드로 생각하고 있는 것은 앰비언트 컴퓨팅(ambient computing)일 것입니다.

앰비언트란 '주위'나 '환경'이라는 의미입니다. 즉, 주변의 다양한 디바이스를 컴퓨터로 활용하거나 그렇게 사용하는 방법을 가리킵니다. 예전에는 '유비쿼터스 컴퓨팅'이라고도 표현했는데, 컴퓨터가 어디에나 존재하며 언제 어디서든 사용할 수 있는 상태를 가리키는 개념이었습니다. 처음에는 어디서든 인터넷에 접속할 수 있는 모바일 컴퓨팅을 의미했지만 지금은 그런 컴퓨팅 환경이 당연하게 구축되어 있습니다.

마이크로소프트에서 구상하고 있는 앰비언트 컴퓨팅은 이보다 더 앞선 것입니다. 컴퓨터와 마우스, 키보드가 준비되어 있으며 인터넷에 접속해 있는 상황은 이미 스마트폰으로도 구현할 수 있습니다. 그러나 그보다 더 나아간 컴퓨팅이란 컴퓨터나 스마트폰 같은 특정한 하드웨어를 사용하는 것이 아니라, 주변에 존재하는 다양한 디바이스들이 사용자가 하고 싶은 것을 예측해서 자동으로 실현하는 환경을 가리킵니다.

지금도 이미 스마트 스피커나 웨어러블 컴퓨터 혹은 스마트 하우트 그리고 그보다 더 발전한 스마트 시티 등이 이에 가까운 개념으로 사용되고 있습니다. 이를 실현하기 위해서는 증강 현실이나 메타버스, AI를 탑재해야 합니다. IoT가 발전하고, IoA가 발전해서 자율 주행이 가능한 자동차나 AI를 탑재한 로봇으로 둘러싸인 환경에 대해 생각해 보시기 바랍니다.

마이크로소프트는 이러한 앰비언트 컴퓨팅을 실현하기 위해 스마트폰을 대체할 수 있는 새로운 기기를 개발하고 있다고 합니다. 이러한 것들이 테크놀로지임에는 변함이 없겠지만, 환경 그 자체라고 말해도 좋을 것입니다. 어떤 장소에서든 컴퓨팅을 할 수 있는 환경이 바로 마이크로소프트가 생각하는 앰비언트 컴퓨팅입니다. 마이크로소프트는 테크놀로지 그다음 단계를 목표로 개발을 하고 있습니다. 그러한 의미에서 마이크로소프트는 빅테크에서 한 발짝 더 나아가려 하는 기업이라고도 할 수 있습니다.

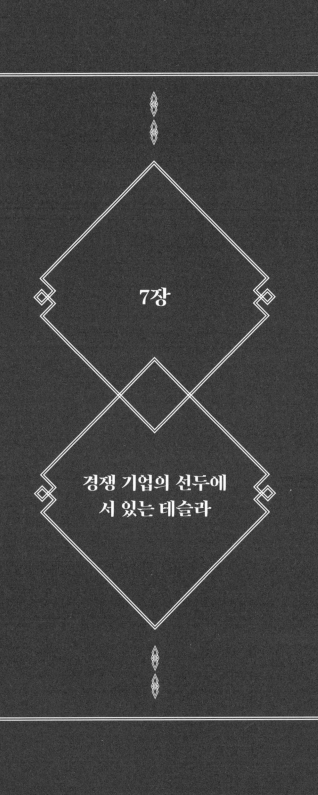

7장

경쟁 기업의 선두에
서 있는 테슬라

☑ 브랜드 이미지를 바꾸다

이 책에서 언급한 GAFAM은 빅테크라고 불리는 기업입니다. 빅테크란 미국 정보 기술 산업을 인솔하는 기업으로 가장 규모가 크고, 테크놀로지 기업 중에서도 업계를 견인하는 기업을 가리킵니다. 컴퓨터, 소프트웨어, 전자상거래, 온라인 광고, 가전, 클라우드 컴퓨팅, AI, 소셜 네트워크 등 취급하는 분야는 각 기업마다 차이가 있지만, 저마다 매출이나 영향력의 차이가 있을 뿐 그야말로 대기업들만 소속되어 있습니다.

이 빅테크 기업들에 테슬라를 포함시켜 평가하는 것이 합당한 일인지 의문을 품는 독자들도 있을 것입니다. 그도 그럴 것이 테슬라는 주로 전기자동차를 제조하며, 가정용에서부터 그리드 단위에 이르는 배터리 전동 수송기기, 여기에 더해 태양전지 패널과 그에 관련된 제품들을 취급하기 때문입니다.

다른 빅테크 기업들과 비교하면 제품군에 큰 차이가 있습니다. 한쪽은 컴퓨터나 소프트웨어, 클라우드와 같은 제품을 취급하고 다른 한쪽은 전기자동차를 취급합니다. 이를 같은 선상에 두고 말하려니 위화감이 드는 것도 사실입니다.

테슬라는 크게 분류하면 전기자동차 제조업체에 속하는데, 전기자동차 분야는 현재 큰 전환기를 맞이하고 있습니다. 자율 주행을 중심으로 AI를 도입하고, OS나 플랫폼, 에코 시스템과 같은 것을 만들고 통제하는 기업이야말로 차세대 자동차 산업을 이끌게 될 것입니다. 플랫폼이나 에코 시스템 분야에서는 빅테크 기업과 테슬라 모두 제품은 다르지만 지향하는 점은 동일합니다.

그리고 테슬라의 일론 머스크 CEO는 2022년부터 2023년에 걸쳐 트위터를 매수해서 빅테크기업들과 같은 분야에 들어섰습니다. 물론 트위터를 매수한 것은 테슬라가 아니라 머스크였으며, 트위터는 머스크의 'X Corp.'라는 회사가 운영하고 있습니다. 현재는 트위터 명칭도 X로 변경되었습니다.

또한 머스크는 스페이스X라는 기업의 CEO도 겸임하고 있습니다. 이 스페이스X라는 회사의 정식 명칭은 스페이스 익스플로레이션 테크놀로지스(Space Exploration Technologies Corp.)입니다. 이곳은 우주 수송 서비스나 위성 인터넷 프로바이더와 같은 서비스를 제공하는 항공 우주 회사입니다. 이 점은 아마존 창업자 제프 베이조스가 항공 우주 기업인 블루오리진(Blue Origin, LLC)의 창업자인 것과 비슷합니다.

어떤 경우든 간에 최첨단 기술을 개발하거나 이를 이용한 제품을 만들고 서비스를 제공한다는 측면에서는 테슬라 역시 여타 빅테크 기업과 같다고 할 수 있습니다. 게다가 머스크의 의향에 따라서는 차기 빅테크를 구성하는 한 기업으로 빅테크에 입성할 가능성도 있습니다.

원래 테슬라라고 하면 '고급 전기자동차 제작사'라는 이미지가 있었지만, 이 이미지는 이미 과거의 일이 되었습니다. 그 증거로 원래 테슬라는 2003년 창업 시에 '테슬라 모터스'라는 이름이었지만 2017년 2월에 '테슬라'로 사명을 변경했습니다. 그 전년도인 2016년 11월에는 태양광 발전 사업체인 솔라시티를 매수했습니다. 이후 교통이나 에너지 방면으로 사업을 확대하기 위해 회사 이름에서 '모터스'를 삭제했습니다.

테슬라는 '전 세계가 지속 가능한 에너지를 사용하게 하는 것'을 목표로 삼아 자동차 회사라는 이미지에서 탈피하고 있습니다. 이미 자동차 회사가 아니라 클린 에너지를 만들고, 축적하고, 사용하는 클린 에너지 에코 시스템 회사가 되었습니다. 그런 의미에서 테슬라는 이미 빅테크에 포함되었다고 보아도 무방할 것입니다.

☑ 테슬라 시가 총액은 왜 높을까?

다른 빅테크와 비교해 보면 테슬라의 매출이나 수익은 낮은 편입니다.(그림7-1) 2022년 결산서에 따르면 GAFAM에서 매출이 가장 높은 곳은 아마존으로 5,139억 8,300만 달러이고 매출이 낮은 기업인 메타는 1,166억 900만 달러입니다. 이에 비해 테슬라는 매출 814억 6,200만

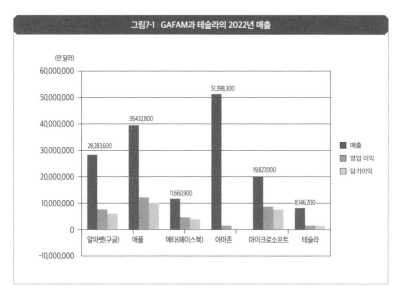

図7-1 | GAFAM과 테슬라의 2022년 매출

(만 달러)

- 알파벳(구글): 28,283,600
- 애플: 39,432,800
- 메타(페이스북): 11,660,900
- 아마존: 51,398,300
- 마이크로소프트: 19,827,000
- 테슬라: 8,146,200

■ 매출
■ 영업 이익
■ 당기이익

※ 결산기말은 애플이 9월 말, 마이크로소프트는 6월 말　　　　　▲ 출처: 각 기업 결산서 기반

달러, 순이익은 125억 8,700만 달러였습니다. 숫자만 놓고 보면 한 자릿수가 차이 납니다. 하지만 기업 가치를 나타내는 지표 중 하나인 시가 총액으로 살펴보면 다른 점이 눈에 들어옵니다.

표7-1은 2023년 4월의 전 세계 기업 시가 총액 순위를 나타낸 것입니다. 애플이 2조 5,400억 달러로 가장 높으며, 2위는 마이크로소프트로 2조 1,100억 달러입니다. 그리고 3위부터 5위인 아마존까지 1조 달러를 초과했습니다. 테슬라는 5,835억 달러로 세계 8위의 시가 총액을 가진 기업입니다. 시가 총액이란 주가에 발행 완료된 주식 수를 곱해서 계산하는데, 시가 총액이 높다는 것은 실적이 좋고 향후 성장에 대한 기대도 크다는 의미입니다.

그러면 왜 테슬라는 시가 총액이 높은 것일까요. 매출로 보면 테슬라는 814억 6,200만 달러(약 109조 원)인데 일본 1위인 도요타자동차는 약 3조 6천억 엔(약 33조 원)입니다. 창설된 지 20년 남짓한 테슬라가 오랜 역사를 지닌 자동차 기업의 몇 배나 되는 시가 총액을 자랑하는 이유는 테슬라가 자동차만 만드는 기업이 아니기 때문입니다.

☑ 클린 에너지 에코 시스템 기업 테슬라

테슬라는 2003년에 마틴 에버하드와 마크 타페닝이라는 두 엔지니어가 미국 델라웨어에 설립한 회사입니다. 일론 머스크가 테슬라에 참가한 것은 이듬해인 2004년입니다. 이때 일론 머스크는 테슬라에 750만 달러를 투자했고, 회장으로 경영에 참가했습니다. 그리고 2005

표7-1 | 세계 기업 시가 총액 1~10위(2023년 4월 기준)

순위	기업명	시가총액 (억 달러)
1	애플	25,400
2	마이크로소프트	21,100
3	사우디 아람코	19,037
4	알파벳	13,500
5	아마존	10,200
6	버크셔 해서웨이	6,918
7	엔비디아	6,710
8	테슬라	5,853
9	메타플랫폼스	5,544
10	텐센트	4,586

년에는 추가로 1,300만 달러, 2006년에는 4천만 달러를 투자했으며, 2008년에 CEO로 취임했습니다.

일론 머스크는 원래 1998년에 피터 틸과 공동으로 페이팔(PayPal Inc.)이라는 회사를 창립했습니다. 이 회사는 인터넷을 통해서 결제 서비스를 제공하는 회사인데, 2002년에 이베이(eBay)에 매수되었습니다. 이 거래를 통해 일론 머스크는 거액의 부를 축적할 수 있었습니다. 페이팔을 매각하면서 부를 축적한 인물들을 '페이팔 마피아'라고 부르기도 하는데, 이들은 이후 다양한 분야에서 등장합니다.

테슬라의 CEO가 된 머스크는 2006년에 테슬라 최초의 전기자동차(EV)인 '로드스터'를 발표했습니다. 전기자동차에는 HV, EV, PHV, FCV처럼 여러 종류가 있으며 간단히 설명하자면 표7-2와 같습니다.

표7-2 | 전기자동차 종류

종류	개요
HV	하이브리드 카. 두 가지 이상의 동력원을 가지는 자동차로, 일반적으로는 엔진과 모터 두 가지 동력을 탑재하고 있다. 두 동력을 효율적으로 구분해서 활용하기 때문에 연비가 좋다.
EV	전기자동차. 전기를 에너지원으로 사용하며, 전동기로 움직이는 자동차이다. 휘발유 같은 화석 연료를 연소하지 않기 때문에 이산화탄소나 질소산화물 등 소위 말하는 배기가스가 전혀 발생하지 않는다.
PHV	플러그인 하이브리드 카. 휘발유 엔진을 탑재한 자동차로 엔진과 모터 두 가지 동력원을 탑재하고 있다. 플러그를 사용해서 충전할 수 있으며, 충전한 전기만 가지고도 주행할 수 있다. HV의 편리함을 유지하면서도 EV에 더욱 가까운 형태의 자동차이다.
FCV	연료 전지 자동차. 연료 전지를 탑재하고 있으며, 전기를 만들면서 전동기를 동력으로 주행하는 전기자동차이다. 연료 전지에 수소나 메탄올 등을 사용하며, 주행 시에 배기가스를 배출하지 않는다.

그림7-2 | 클린 에너지 에코 시스템

태양광 발전
에너지를 만든다

테슬라는 클린 에너지 에코시스템 기업이다

EV 차량
에너지를 사용한다

축전지
에너지를 저장한다

이처럼 같은 전기자동차에 속한다 하더라도 동력원이나 시스템이 완전히 다릅니다. 테슬라에서 발매한 차량은 이 중에서 EV 차량, 다시 말해 완전히 전기로만 움직이는 자동차였습니다. 이 차량은 지금까지 EV 차량이 가지고 있던 이미지를 완전히 바꾸어 놓았는데, 불과 3.7초 만에 시속 0에서 96km까지 가속할 수 있는 고성능 자동차였기 때문입니다.

테슬라는 EV 차량을 만들어 판매하는 한편, 2016년에는 솔라시티를 매수해 태양광 발전 시스템도 제공하기 시작했습니다. 여기에 가정용 리튬 이온 축전지인 파워 월도 판매하였으며, 기업과 전력 회사용 축전지로 파워 팩도 내놓았습니다. 또한 2014년에는 EV용 급속 충전기 '슈퍼차저'를 중국 상하이에 세웠는데, 이후 스테이션은 1,300개소 이상, 슈퍼차저는 9,300기 이상을 설치했습니다.

그림7-3 | 테슬라의 '슈퍼차저'

이렇게 라인업을 살펴보면 테슬라의 전략을 파악할 수 있습니다. 테슬라에서는 태양광으로 에너지를 만들어낸 다음, 이 에너지를 EV 차량에서 사용하고 축전지에 에너지를 저장합니다. 테슬라는 클린 에너지 에코 시스템을 만들어낸 것입니다.

✅ 클린 에너지가 인류를 구한다

테슬라, 바꾸어 말하면 일론 머스크는 왜 클린 에너지 에코 시스템을 만든 것일까요. 그의 입을 빌리자면 인류를 구하기 위해서입니다.

1971년에 남아프리카 공화국에서 태어난 일론 머스크는 그 후 미국으로 건너가 펜실베이니아 대학에서 물리학과 경제학 학위를 취득하고 스탠퍼드 대학원에 진학했는데 그때부터 인터넷과 클린 에너지 그리고 우주라는 세 가지 분야가 인류의 장래에 큰 영향을 미치리라 예상했습니다. 행동력이 남달랐던 그는 겨우 이틀 만에 대학원을 휴학하고 동생 킴벌과 함께 소프트웨어 제작사를 설립했습니다.

1999년에 X닷컴을 설립한 그는 온라인 금융 서비스와 전자 메일 결제 서비스를 시작했으며, 경쟁 상대였던 페이팔과 합병했습니다. 그 후 2002년에 페이팔을 이베이에 매각했습니다. 이를 통해 머스크는 약 1억 8,000만 달러라는 거액을 손에 넣었다고 합니다. 머스크는 이 막대한 자산을 바탕으로 캘리포니아주 호손에 민간 우주 기업인 스페이스X를 설립했습니다. 그 목적은 '인류를 화성에 이주시켜 개척하기 위한 우주 수송비용을 저감하기 위해서' 였습니다. 스페이스X는 2020년에 민간 기업 최초로 유인 우주선을 국제 우주 스테이션(ISS)에 보내기도 했습니다.

또한 혹성 간 우주 비행을 목표로 초대형 로켓 개발에도 착수했습니다. 이는 화성 개척의 핵심이 될 것입니다. 2020년에는 위성 인터넷 스타링크에도 참여했으며, 현재 세계 최대의 위성 콘스텔레이션(별자리) 사업자가 되었습니다. 머스크는 진심으로 화성 이주를 고려하고 있으며, 이를 위해 행동해 온 것입니다. 세계 인구는 이미 70억 명을 넘어섰고 인류는 계속해서 환경을 파괴하고 있을 뿐만 아니라 화석 자원도 고갈되려 하고 있습니다. 우리가 살고 있는 지구와 함께 멸망하기보다는 화성으로 이주해서 살아남자고 생각한 것일지도 모르겠습니다.

그러나 스페이스X가 로켓을 완성하는 건 아직 머나먼 이야기입니다. 화성에 이주할 수 있게 되기 전까지 지구 멸망을 조금이라도 늦출 수 있도록, 배기가스를 내뿜는 휘발유 차량을 대신할 전기자동차를 개발하고 클린 에너지를 사용하자는 것이 바로 테슬라가 세운 클린 에너지 에코 시스템의 토대입니다.

머스크에게 테슬라와 테슬라가 제조하는 EV 차량은 클린 에너지 에코 시스템을 위해 반드시 필요한 것이었습니다. 이것이야말로 인류를 멸망에서 구출하기 위한 유일한 방책이라고 생각한 것입니다.

✅ 테슬라가 가져 온 자동차 비즈니스 구조 변혁

앞서 언급한 것처럼 일론 머스크는 페이팔 매각으로 막대한 자산을 손에 넣었습니다. 하지만 이 자산으로 테슬라를 매수한 것은 아닙니다. 매수가 아니라 투자를 했는데, 2004년 750만 달러, 2005년 1,300만 달러 그리고 2006년에는 4,000만 달러, 2007년에도 추가로 4,500만 달러나 되는 자금을 조달했습니다. 이 투자는 모두 머스크가 주도한 것입니다.

지금까지 자동차 제조사들은 대체로 자동차 이외의 사업에서 성공해서 자산을 구축한 다음, 해당 자산을 바탕으로 공장을 설립했습니다. 새롭게 사업을 시작하는 것이기 때문에 생산 비용을 저감해서 차량을 제조하고, 여기에 이익을 덧붙여서 판매하는 사업 모델을 구축했습니다. 이러한 사업 모델은 도요타와 닛산에도 그리고 포드에도 마찬가지로 적용됩니다.

하지만 테슬라는 이들과 본질적으로 차이가 있습니다. 애초에 테슬라는 클린 에너지 에코 시스템 회사이며, 이를 위한 사업 모델이 2006년에 '마스터플랜'으로 정리되어 있었습니다. 마스터플랜은 ① 먼저 고급 스포츠카를 제조한다(로드스타), ② 로드스타의 매출을 가지고 적절한 금액의 차량을 제조한다(모델 S, 모델 X), ③ 앞의 매출을 가지고 더욱 적절한 금액의 차량을 제조한다(모델 3), ④ 이상의 순서를 반복하면서 자원 순환을 통해 폐기물을 가능한 없애는 제로 이미션 발전 옵션을 제공한다는 것이었습니다. 다시 말해 처음에는 부유층만을 위해 제공하던 EV 라인업을 대중을 타깃으로 확대해 나간다는 전략이며, 테슬라는 이를 멋지게 실현시켰습니다.

2016년에는 '마스터플랜 파트 2'를 발표했습니다. 여기에서는 ① 배터리 저장 용량과 심리스로 통합된 솔라루프를 제작한다, ② 모든 주요 세그먼트를 커버할 수 있도록 EV 제품 라인업을 확대, ③ 전 세계 테슬라 차량의 실제 주행을 통해 사람이 운전하는 것보다 열 배 더 안전한 자율 주행 기능을 개발하고 ④ 차량을 사용하지 않는 경우 해당 차량으로 오너가 수입을 벌어들일 수 있게 한다. 테슬라에서는 이러한 사업 모델을 새롭게 제시했으며 현재 진행 단계에 있습니다.

이렇게 해서 테슬라는 어렵다고 여겨졌던 EV 제조 사업의 양산화와 수익화를 보다 빠르게 실현시켰습니다. 판매량도 순조롭게 상승해서 2022년에는 131만 3,851대가 판매되었습니다.(그림7-4) 물론 같은 해에 도요타 자동차는 1,048만 대, 독일 폭스바겐 그룹은 826만 대를 판매하였기에 물량에서는 큰 차이가 있습니다.(그림7-5) 그러나 한편으로는 앞서 언급했던 것처럼 테슬라의 시가 총액은 다른 자동차 그룹들을 능가합니다. 이것은 주식 시장이 테슬라를 EV 차량 제조사로서

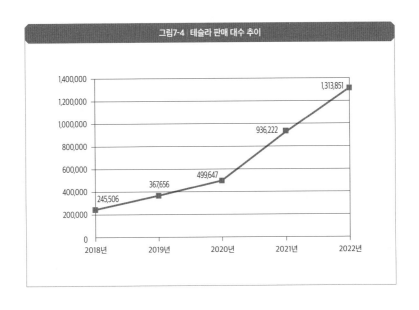

그림7-4 | 테슬라 판매 대수 추이

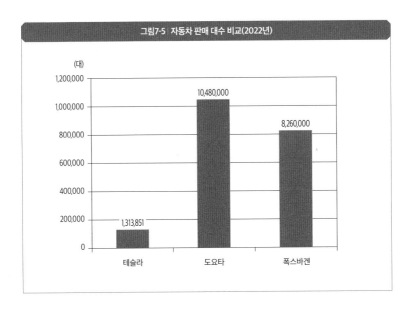

그림7-5 | 자동차 판매 대수 비교(2022년)

뿐만 아니라 최첨단 테크놀로지를 구사해서 클린 에너지 에코 시스템을 제조하는 기업이자 테크놀로지 기업으로 평가하고 있기 때문입니다. 테슬라는 지금까지의 자동차 업계 비즈니스 구조를 크게 변혁시킨 기업이라고 할 수 있습니다.

☑ 자동차 발전보다 공장을 발전시켜라

2022년 4월에 미국 텍사스주 오스틴에 테슬라의 네 번째 공장이 완공되었습니다. "풀가동하면 미국에서 가장 생산량이 많은 자동차 공장이 될 것"이라고 일론 머스크가 완공 행사에서 언급한 것처럼, 오스틴 공장에서는 연간 25만 대의 자동차를 생산하고 있습니다. 최대 50만 대까지 생산할 수 있다고 합니다.

테슬라의 2022년도 자동차 판매 대수는 약 131만 대였습니다. 테슬라는 텍사스주 프리몬트에 공장이 있고, 베를린과 상하이에도 생산 공장이 있는데 이를 '기가 팩토리'라고 부릅니다. 이러한 기가 팩토리가 풀가동되면 연간 약 200만 대를 생산할 수 있게 됩니다. 2022년 판매 대수보다 70만 대나 더 많이 생산할 수 있는 것입니다.

테슬라의 기가 팩토리에서는 조립을 위한 차량이 무인 반송 차량 위에 놓여 라인 위를 흘러갑니다. 만약 일반적인 자동차 공장이라면 벨트 컨베이어로 운송되었을 것입니다. 무인 반송 차량 위에 놓여서 운송되어 온 차량에 만약 불량품이 존재한다 해도, 기가 팩토리에서는 컨베이어를 멈출 필요가 없습니다. 불량인 차량만 제외하면 되기 때문입니다. 신흥 제조사인 테슬라이기 때문에 새로운 생산 방법을 채택한 것입니다. 이 무인 반송 차량을 사용하는 것은 아주 잘 짜인 시스템입니다.

자동차 한 대를 생산하려면 약 3만 개의 부품이 필요하다고 합니다. 지금까지 자동차 제조사들은 상품 콘셉트나 설정, 여기에 최종 조립과 판매에 이르기까지 모든 과정을 담당했는데, 이를 컨스트럭터(설계자)라고 부릅니다. 그리고 실제 부품들은 제조업체들이 만들어 컨스트럭터에 납품하는데, 이들은 서플라이어(공급자)라고 불립니다. 여러 곳의 서플라이어가 제조, 납품한 부품을 컨스트럭터가 조립하고 완성품을 판매합니다.

그런데 테슬라는 자동차 제조 공정의 거의 대부분을 기가 팩토리 내에서 완료합니다. 테슬라는 EV 차량을 만들기 때문입니다. 극단적으로 말하면 EV 차량의 핵심은 배터리와 소프트웨어 그리고 독자적인 모터 이렇게 세 부분으로 구성됩니다. 엔진은 애초에 포함되어 있지 않습니다. 탄화수소 경제에서 태양 전지 경제로의 이행을 촉진하려는 목적으로 머스크는 테슬라에서 전기자동차를 제조하고 있는 것입니다.

테슬라에는 서플라이어가 거의 존재하지 않습니다. 차체, 모터, 배터리와 같은 주요 부품들은 테슬라 공장 내에서 제조됩니다. 자동차를 발전시키는 것보다 자동차를 생산하는 공장을 발전시키는 편이 열 배나 효율이 높기 때문입니다.

2016년 주주총회에서 머스크는 '공장은 기계를 생산하는 기계'라고 말했습니다. 머스크의 이러한 발언은 '아웃풋(생산 대수)=볼륨(생산 규모)×밀도(생산 거점의 조밀성)×속도'라는 공식으로 정리할 수 있으며, 이에 따라 기가 팩토리를 가동하고 있습니다. 기존의 자동차 공장에서는 노동 투입량과 가동률, 노동 분배율, 재고 회전 일수와 같은 지표를 바탕으로 운영하고 있었습니다. 머스크는 이러한 물리학적 사고에 따라 자동차 공장 그 자체를 변혁시킨 것입니다.

✅ 수익성보다 판매를 중시하는 테슬라의 가격 인하

테슬라는 판매 대수나 이익률에 대해 그다지 중요하게 생각하지 않는다고 언급했지만, 2022년 후반에서 2023년 초반에 걸쳐 이러한 생각을 약간 수정한 것 같아 보입니다. 물론 근본은 바뀌지 않았을 것입니다. 그러나 2022년 제3사반기 이후부터는 생산 대수가 판매 대수를 현저히 상회하고 있습니다.(그림7-6) 요컨대 재고가 증가하고 있는 것입니다. 이 때문인지 2023년 초반에 세계 각 시장에서 가격을 대폭 인하하였습니다.

사실 2022년 전반에는 세계적으로 반도체가 부족했기 때문에 테슬라도 제품 가격을 인상한 바 있습니다. 이번 가격 인하를 두고 테슬라는 코스트 인플레이션을 일부 정상화한 것이라고 말했습니다. 하지만 중국 제조사들이 저가 EV 차량을 출시하기 시작했기 때문에 이에 대항하기 위해 필수 불가결한 대책으로 보입니다. 현재 중국 시장에서 테슬라와 경쟁을 벌이고 있는 업체는 비야디(BYD)가 있지만 여기에 저가 스마트폰으로 유명한 가전업체 샤오미도 참전을 선언한 상황입

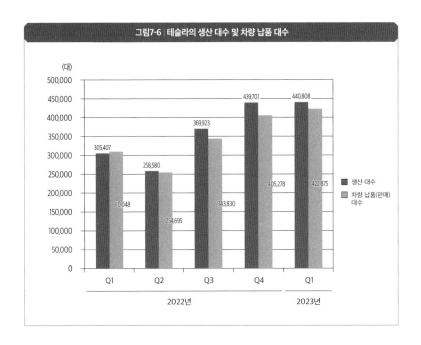

그림7-6 | 테슬라의 생산 대수 및 차량 납품 대수

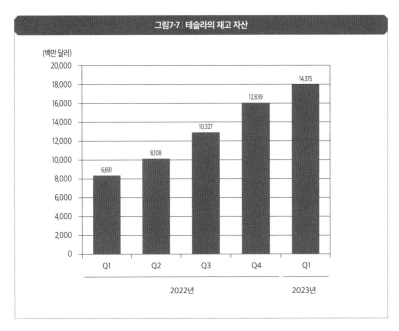

그림7-7 | 테슬라의 재고 자산

니다. 지난 2021년 3월에 시장 진출을 선언한 샤오미는 2024년 3월에 중국 내 판매를 개시했습니다.

또한 테슬라의 재고 자산을 살펴보면 금액이 전년 동기 대비 두 배 이상 증가했습니다.(그림7-7) 가격을 인하하지 않으면 팔리지 않을 것이라는 생각도 있었을 것입니다.

앞서 언급한 것처럼 테슬라는 슈퍼차저라는 충전 스테이션을 자체적으로 생산하고 있습니다. 특히 중국에서는 실크로드를 따라 슈퍼차저 루트라고 불리는 스테이션을 설치했는데, 전체 길이가 5천 킬로미터에 달한다고 합니다. 테슬라의 판매 대수가 감소하면 슈퍼차저도 무용지물이 될 수 있습니다. 테슬라에서는 슈퍼차저와 충전 스테이션 수를 신차 발매에 맞춰 두 배로 늘릴 계획도 가지고 있습니다.

테슬라는 이전부터 딜러를 통하지 않고 자사에서 직접 판매를 진행했는데 이 역시 기존 자동차 업체들과 차이가 있는 것입니다. 또한 자동차에서 활용하는 소프트웨어를 인터넷을 통해서 업데이트 할 수 있게 했습니다. 스마트폰 OS나 애플리케이션에서는 이미 상식이지만, 테슬라는 이를 자동차 소프트웨어에 도입한 것입니다.

물론 딜러를 통하지 않고 판매하기 때문에 나온 방식이기도 하지만 여기에는 또 하나의 이점이 있습니다. 소프트웨어 업데이트와 동시에 주행 거리, 주행 일시, 어디를 주행했는지와 같은 사용자들의 데이터를 인터넷을 통해 회수할 수 있기 때문입니다. 테슬라의 차량은 단순한 전기자동차가 아니라 데이터를 산출해 내는 도구가 되었습니다. 그리고 테슬라는 자동차 제조사가 아니라 이미 빅데이터를 취급하고 있고 소프트웨어를 제작, 배포하는 테크놀로지 기업이 되고 있습니다.

✅ 테슬라의 자율 주행

다시 한번 강조하자면 이미 테슬라는 테크놀로지 기업에 속해 있습니다. 이는 일론 머스크가 트위터를 매수했다는 이유뿐만이 아닙니다. 테슬라의 자율 주행 소프트웨어를 인터넷을 통해 업데이트할 수 있게 했다는 이유 또한 아닙니다. 테슬라에 구비된 자율 주행 기능이야말로 테슬라가 테크놀로지 기업이라는 확실한 증거입니다.

자동차의 자율 주행 기능은 테크놀로지 기업에서 일찍이 주목하고 있었습니다. GAFAM뿐만 아니라 중국을 중심으로 하는 BATH(바이두, 알리바바, 텐센트, 화웨이)에서도 마찬가지입니다. 예를 들어 구글에서는 2009년에 이미 자율 주행 개발 프로젝트를 시작했으며, 자율 주행을 실현하기 위한 활동에도 착수했습니다. 자율 주행을 할 수 있는 차량의 프로토 타입을 개발하고, 공공 도로에서 자율 주행을 할 수 있도록 각 주에서 로비 활동을 하기까지 했습니다.

또한 2015년에는 텍사스주 오스틴의 공공 도로에서 파이어 플라이(Firefly)라고 하는 오리지널 프로토 타입 차량을 가지고 세계 최초로 자율 주행을 실시했습니다.

아쉬운 사실은 애플이 전기차 개발을 공식적으로 취소했다는 것입니다. 애플에서 정식으로 발표를 하지는 않았지만 2020년 즈음에 '애플 카' 제작을 둘러싼 다양한 정보들이 나돌았습니다. 2016년에는 1천만 명 규모의 개발 팀이 움직이고 있다고 《블룸버그》지에서 보도까지 했습니다만 2024년 2월에는 이 팀을 해산하기로 했다는 속보가 있었습니다.

아마존은 자율 주행 개발에 직접적으로 착수하지는 않은 것 같지만, 클라우드 서비스인 AWS에서 자율 주행 개발을 지원하는 서비스를 제공하고 있습니다.

원래 아마존에서는 드론을 활용한 자사 EC 용 택배와 택배 로봇을 개발하고 있었으며, 자율 주행 기술도 이러한 개발에 도움이 될 것이었습니다. 자율 주행을 통해서 택배 드론이 등장하는 것도 그다지 먼 미래는 아닐 것입니다.

아마존에서는 클라우드 서비스에서 자율 주행 개발을 지원하는 서비스를 제공함과 동시에, 2023년 4월에 '아마존 베드록(Amazon Bedrock)'이라는 서비스를 제공할 것이라고 발표했습니다. 이는 아마존의 클라우드 서비스인 AWS에서 기업이나 개발자들이 생성형 AI를 활용하는 애플리케이션을 손쉽게 구축할 수 있게 하는 것입니다. 따라서 생성형 AI 분야에서는 마이크로소프트, 구글, 아마존 이렇게 세 기업이 모이게 되었습니다.

아마존은 '생성형 AI의 중립국인 스위스'를 표방하고 있으며, 베드록에서는 타사의 기초 모델(Foundation model)도 사용할 수 있다는 점을 강조하고 있습니다. 현재 폭넓게 보급된 스마트 스피커 알렉사에 베드록이 탑재된다면 아마존이 기사회생할 수 있는 비책이 될 것입니다. 생성형 AI를 무기로 마이크로소프트는 클라우드 분야에서 아마존의 셰어를 빼앗으려 하고 있고, 검색 분야에서는 구글의 셰어를 빼앗으려 하고 있습니다. 그리고 아마존은 베드록으로 이에 대항하려고 할 것입니다.

자율 주행과 관련해서 마이크로소프트사는 자체적으로 자동차를 제조하거나 모빌리티 서비스를 제공할 생각은 없다고 단언했으며, 대신 애저 고객사인 자동차 제조사에 다양한 지원을 할 것이라고 발표했습니다.

2020년 1월에는 마이크로소프트 클라우드 서비스나 AI 서비스를 통해 다양한 규모의 자동차 관련 기업들이 스마트 모빌리티 프로바이더로 변혁할 수 있도록 가능한 한 지원할 것이라고 말했습니다.

중국에서 자율 주행 개발을 리드하고 있는 회사는 바이두(百度)입니다. 바이두는 '프로젝트 아폴로(Project Apollo)'라는 자율 주행 개발 오픈 플랫폼 프로젝트를 진행하고 있으며, 이 프로젝트에는 중국뿐만 아니라 세계 각지의 기업들이 개발에 참가하고 있습니다.

또한 베이징, 청두, 우한, 창사 등등 자율 주행 택시를 시범 운행하고 있는 곳도 있어서 곧 유료 서비스를 제공할 수 있는 단계까지 이르렀습니다.

테슬라는 2014년에 발표한 모델 S에 오토파일럿을 가능하게 하는 하드웨어를 도입했습니다. 이 하드웨어는 전방 레이더와 차량 주변 약 5미터까지 감지하는 센서 그리고 고정밀도의 디지털 제어 전동 어시스트 브레이크 등으로 구성되어 있으며, 차선 유지나 액티브 크루즈 컨트롤도 할 수 있습니다.

다만 이런 하드웨어나 기능은 오토파일럿의 첫 단계에 지나지 않으며, 향후 완전한 자율 주행화를 목표로 최신 기능을 제공해 나갈 것이라고 발표했습니다.

그러나 2022년에 일본 업체들이나 독일 메르세데스 벤츠 사 등은 이미 레벨 3을 달성했고 레벨 4의 환경까지 정비하고 있는데 비해, 테

그림7-8 | 자율 주행 레벨 분류

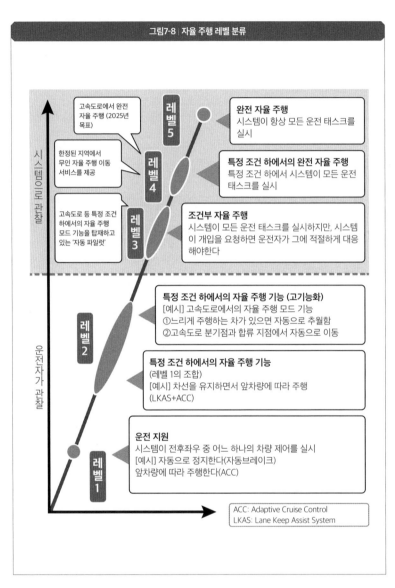

시스템으로 관찰

레벨5
고속도로에서 완전 자율 주행 (2025년 목표)

완전 자율 주행
시스템이 항상 모든 운전 태스크를 실시

레벨4
한정된 지역에서 무인 자율 주행 이동 서비스를 제공

특정 조건 하에서의 완전 자율 주행
특정 조건 하에서 시스템이 모든 운전 태스크를 실시

레벨3
고속도로 등 특정 조건 하에서의 자율 주행 모드 기능을 탑재하고 있는 '자동 파일럿'

조건부 자율 주행
시스템이 모든 운전 태스크를 실시하지만, 시스템이 개입을 요청하면 운전자가 그에 적절하게 대응해야한다

레벨2

특정 조건 하에서의 자율 주행 기능 (고기능화)
[예시] 고속도로에서의 자율 주행 모드 기능
①느리게 주행하는 차가 있으면 자동으로 추월함
②고속도로 분기점과 합류 지점에서 자동으로 이동

특정 조건 하에서의 자율 주행 기능
(레벨 1의 조합)
[예시] 차선을 유지하면서 앞차량에 따라 주행
(LKAS+ACC)

운전자가 관찰

레벨1

운전 지원
시스템이 전후좌우 중 어느 하나의 차량 제어를 실시
[예시] 자동으로 정지한다(자동브레이크)
앞차량에 따라 주행한다(ACC)

ACC: Adaptive Cruise Control
LKAS: Lane Keep Assist System

▲ 출처: 자율 주행 실현을 위한 국토 교통성 방안

슬라는 아직 레벨 3에도 달하지 못했습니다.

자율 주행은 실현 가능한 정도에 따라 레벨 0~6으로 나뉘며, 지금은 레벨 3이 탑재되어 있습니다. 레벨 3은 '고속도로에서 시속 80킬로미터 이하'라는 일정 조건 하에서 운전자 대신 시스템이 모든 운전을 실시하는 단계입니다. 다음으로 레벨 4가 되면 운전 중에 어떤 문제가 발생했을 때 안전하게 갓길에 정차할 수 있으며, 무인 운전도 가능합니다.

세계적으로 레벨 3은 이미 실현되었고 레벨 4까지도 목전에 다다른 상황이지만, 테슬라에서는 아직 레벨 3을 완전히 해결하지 못했습니다. 솔직히 세계의 기술에 뒤처져 있는 상황입니다.

물론 자율 주행을 구현하는 하드웨어나 소프트웨어, 시스템이 서로 다르기 때문에 어느 시스템에서 자율 주행을 더 완전하게 실현할 수 있을지는 미지수입니다. 테슬라는 자율 주행을 위해 독자적인 반도체를 개발했으며, 이를 통해 자율 주행 분야에서 단숨에 선두로 나설 가능성도 내포하고 있습니다.

✅ 저렴해진 위성 인터넷 서비스 스타링크

테슬라라기보다는 일론 머스크 개인이 설립하고 CEO를 역임하고 있는 기업 중 하나인 '스페이스X(Space Exploration Technologies Corp.)'는 대형 로켓 개발을 개발하는 등의 프로젝트를 진행하고 있습니다. 그리고 이 스페이스X의 사업 중 하나로 스타링크(Starlink)가 있습니다.

스타링크는 스페이스X에서 운용하는 위성 컨스텔레이션(인공위성의 한 종류)입니다. 스페이스X는 해당 위성을 활용해서 위성 인터넷 접속 서비스를 제공하고 있습니다. 휴대 전화의 위성 버전이라고도 할 수 있겠습니다.

스타링크 전용 안테나를 설치하고, 여기에 컴퓨터를 연결하면 스타링크 위성을 경유해서 어디서든 인터넷에 접속할 수 있습니다. 원래는 인터넷에 접속하기 어려운 산간 지방이나 외딴섬, 비행기나 선박이 이동할 때 인터넷에 접속하는 용도로 개발하기 시작했지만, 대규모 재해가 발생해 인터넷에 접속하기 어려운 상황에서 활용할 수 있는 예비 회선 용도로도 기대를 걸고 있습니다.

스마트폰이나 휴대 전화 기지국 대신으로도 활용할 수 있는데, 어디에 있든 간에 인터넷에 접속할 수 있다는 편리함과 이동 중에도 연결이 가능하다는 장점 때문에 차세대 인터넷 연결 방법으로 기대를 모으고 있습니다.

스타링크는 지구 어디에서나 사용할 수 있기 때문에 유선 인터넷 비용보다 약간 비싼 정도로 서비스를 이용할 수 있다는 점은 놀라울 따름입니다.

예상보다 싸게 가격이 책정된 이유는 명확하게 알 수 없습니다. 서비스를 시작하긴 했지만 고객들을 확보하기가 어려웠을 가능성도 있습니다. 반대로 낮은 가격으로 서비스를 제공한 다음, 고객이 충분히 모이면 가격을 올리려고 하는 것일지도 모릅니다.

EV 자동차부터 로켓, 더 나아가 화성 이주에 이르기까지 일론 머스크가 생각하는 점은 일반 사람들로서는 예상조차 하기 힘듭니다.

그러나 그러한 천재적인 두뇌로 테슬라가 운영되고 있는 것입니다. 그런 의미에서도 테슬라의 향후 움직임에 주목해 볼 필요가 있겠습니다.

✅ 에코 시스템에 에어컨이 추가되다

스타링크가 비용을 인하한 것과 마찬가지로, 테슬라는 종종 예상하지 못한 일을 벌이고는 합니다. 예를 들어 2020년 11월에는 테슬라가 가정용 에어컨 사업에 뛰어들고자 하는 의욕을 내비쳤다는 보도가 나와 커다란 파장을 불러일으켰습니다.

테슬라의 EV 차량에는 에어컨이 탑재되어 있으며, 이를 가정용으로 바꾸면 전력 소비가 감소합니다. 이 점은 머스크가 주장하는 지속 가능한 에너지로 전환하려는 목적과도 부합합니다. 그러한 의미에서 테슬라가 가정용 에어컨 분야에 뛰어드는 것도 이상하지 않습니다. 이 보도로 인해 가정용 가전제품이 주력 상품인 다이킨공업의 주가가 일시적으로 하락하기도 했습니다.

이 장에서 반복적으로 언급한 것처럼 머스크의 관심사는 인터넷, 클린에너지 그리고 우주 이렇게 세 분야에 집약되어 있습니다. 이 세 가지가 인류의 장래에 큰 영향을 미친다고 생각하고 있기 때문입니다. 특히 클린 에너지와 관련해서는 EV 차량을 제조하고 판매했으며, 더 나아가 태양광 발전으로 클린 에너지를 생산하고 축적하는 단계까지 클린 에너지 에코 시스템을 추진해왔습니다. 그리고 여기에 가정용 에

어컨을 포함시키는 것 역시 상상하기 어렵지 않습니다.

그리고 한 가지 더 이야기하자면 2023년 3월에 제너럴 모터스(GM)에서 인공지능 챗GPT와 같은 기능을 운전자를 위해 활용하려고 개발 중이라는 뉴스도 등장했습니다. 챗GPT 개발사인 오픈AI를 창립했을 때 머스크도 참여했는데, GM의 진행 상황에 따라 테슬라에서 AI를 도입할 가능성도 충분히 생각해 볼 수 있습니다.

원래 차량 자율 주행에는 AI 기능이 탑재되어 있습니다. 그러나 그것과는 별개로 탑재된 AI가 운전자와 대화를 하거나, 날씨 상황에 따라 운전을 도와줄 수도 있게 되었습니다. GM은 마이크로소프트의 애저와 협업하여 AI 어시스턴트 개발에 착수했다고 합니다. 따라서 향후 테슬라 대 GM과 마이크로소프트의 경쟁이 벌어질 수도 있겠습니다.

2022년부터 2023년에 걸쳐 테슬라는 자동차 판매 가격을 인하하고 있다고 말했습니다. 테슬라의 대규모 시장이기도 한 중국에서도 가격을 인하하고 있습니다. 한편 중국 EV 브랜드인 니오(蔚来, NIO)는 중국에서 보급형 EV 차량이 주류를 이루고 있는데 반해, 테슬라와 같은 가격 또는 그보다 더 높은 가격의 고급 EV 차량을 출시하기 위해 의욕을 보이고 있습니다.

마찬가지로 중국에서는 EV 차량을 필두로 각종 사업을 전개하고 있는 BYD에서 하이엔드 EV 차량 분야에 뛰어들 것이라고 발표했습니다. 가격을 낮추고 있는 테슬라와 고급 브랜드화하고 있는 BYD가 격돌하는 장면은 지금까지의 시장에서는 볼 수 없었던 광경입니다.

클린 에너지 에코 시스템을 구축하고 있는 테슬라는 그런 의미에서 한 발짝 앞서가고 있지만, 중국 기업 그리고 더 나아가 GM이나 메르세데스 벤츠, 그에 더해 지금은 뒤따라가고 있는 단계인 도요타와 같은 기업들이 이대로 조용히 물러날 리가 없습니다. EV 차량을 주축으로 하는 자동차 제조사의 테크놀로지화 그리고 특히 테슬라의 동향에는 깜짝 놀랄 만한 전개가 기다리고 있을 것입니다.

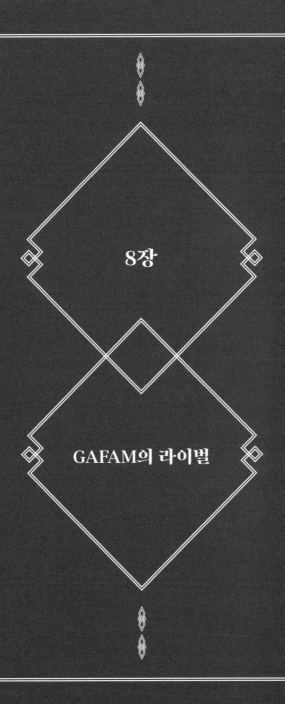

8장

GAFAM의 라이벌

☑ 생성형 AI의 출현으로 변화하는 테크놀로지

1990년대 후반부터 테크놀로지 업계를 이끌어온 GAFAM은 기반이 되는 분야가 저마다 다릅니다. 기업을 설립한 시기도 서로 다르며, 일선에서 물러난 창업자들도 다수 있습니다.

예를 들어 애플을 설립한 스티브 잡스는 안타깝게도 2011년에 췌장암으로 56세라는 젊은 나이에 세상을 떠났습니다. 그리고 잡스와 같은 해에 태어난 빌 게이츠는 마이크로소프트를 설립해 대제국을 건설했지만, 2020년에 이사직에서 물러났으며 지금은 실업가와 자선사업가로 활동하고 있습니다.

잡스나 빌 게이츠보다 열 살 어린 제프 베이조스는 아마존을 설립해 세계 최고의 인터넷 쇼핑 사이트로 성장시킨 다음 2021년에 CEO 자리에서 물러나 블루오리진이라는 기업을 세우고 어린 시절부터 꿈

표8-1 | 빅테크 기업 개요

	설립연도	설립자	현 CEO
구글	1998년	래리 페이지 세르게이브린	선다 피차이
애플	1980년	스티브 잡스 스티브워즈니악 로널드웨인	팀 쿡
메타플랫폼스	2004년	마크 저커버그 에드와도새버린	마크 저커버그
아마존	1994년	제프 베이조스	앤드류 제시
마이크로소프트	1975년	빌 게이츠 폴앨런	사티아 나델라
테슬라	2003년	마틴 에버하드 마크타페닝	일론 머스크

표8-2 | 생성형 AI 비교

항목	마이크로소프트	구글	아마존
생성형 AI	Bing	Bard	Bedrock 및 타사 서비스
대상	개인 및 법인	개인 및 법인	우선은 법인에만 해당
특징	오피스 제품과 연계	검색과 연계	'생성형 AI 중립국'
우위성	◎	○	△
수익 기반	클라우드 및 제품	광고	클라우드 및 소매 EC

꿔왔던 유인 우주 비행 사업에 뛰어들었습니다.

각 기업의 설립자 중에 이미 퇴직한 사람이나 세상을 떠난 사람이 있는 것을 보면 알 수 있듯이 GAFAM은 설립된 지 20~50년 가까이

경과했습니다. 그리고 그 기간 동안 계속해서 업계 최고의 자리를 유지해온 것도 아니었습니다.

아마존이나 마이크로소프트는 클라우드 서비스를 통해 사용자들에게 AI 서비스를 지원할 것이라고 발표했습니다. 아마존이 2023년 4월에 베드록을 발표하자 메타도 질세라 대규모 언어 모델(LLM) '라마(Llama)2'를 선보였으며, 테슬라 역시 스타트업 xAI를 2023년 7월에 설립하고 생성형 AI '그록(Grok)'을 공개한 바 있습니다. 그록은 SNS X의 유료 이용자에게 선행 제공 중입니다.

생성형 AI에 관심을 기울이는 곳은 빅테크뿐만이 아닙니다. 예를 들어 이미지나 동영상 편집용 그래픽 처리 소프트웨어를 판매하는 어도비(Adobe Inc.)에서도 이미지 생성 AI를 활용한 새로운 서비스인 '파이어플라이(Firefly)'를 제공하고 있습니다.

2024년 테크놀로지 업계의 최대 화제는 챗GPT로 대표되는 생성형 AI임에 틀림없습니다. 생성형 AI를 자사 서비스에 도입하거나, 어떠한 접점을 만들지 않으면 빅테크 역시 다른 라이벌 기업들에게 자리를 빼앗길 가능성이 있는 것입니다.

☑ 생성형 AI는 어디에 사용되는가?

챗GPT를 개발한 오픈AI라는 기업은 앞서 언급한 것처럼 오픈AI LP라는 영리 법인과 그 모회사인 비영리 법인 오픈AI, 이렇게 둘로 구성된 회사입니다. 이 기업은 원래 기업가이자 투자가인 샘 올트먼과 테슬라의 CEO인 일론 머스크가 2015년에 설립했습니다. 2018년에 일론 머스크가 손을 뗐지만, 이듬해인 2019년에 마이크로소프트가 10억 달러를 출자했으며 2023년 1월에는 또다시 100억 달러를 출자해 주식 49%를 획득했습니다. 마이크로소프트가 검색에 발 빠르게 챗GPT를 도입하고 '새로운 빙' 서비스를 제공할 수 있었던 데에는 이러한 배경이 있었던 것입니다.

'새로운 빙'과 코파일럿의 사례를 통해서도 알 수 있듯이 텍스트 생성형 AI는 검색에 활용할 수 있습니다. 모르는 표현이나 이름, 사상 등을 질문하면 적합한 대답을 문장으로 답해 줍니다. 그뿐만이 아닙니다. 신제품 프레젠테이션 자료를 작성하게 하거나 거래처에 보낼 발표회의 메일 내용을 작성하게 하기도 하고, 신제품 광고 아이디어를 내게 하는 등 지금까지의 사무 업무를 효율화할 수 있는 방법이 다양하게 존재합니다.

최근에는 온라인에서 문의나 제품 지원 서비스를 채팅 형식으로 진행하는 경우가 많습니다. 여기에 챗GPT를 도입하면 채팅 담당 인력을 줄일 수 있습니다.

제품 문의 단계부터 고객 지원에 이르기까지 다양한 상황에서 텍스트 생성형 AI를 활용할 수 있는 것입니다. 다시 말해 텍스트 생성형 AI를 통해 비용을 대폭 절감할 수 있습니다. AI 때문에 실직하는 사람들도 등장하게 될 것입니다.

이러한 AI의 가능성 때문에 테크놀로지 기업들은 어떤 서비스를 제공할 수 있을지 계속해서 새로운 비즈니스 모델을 구상하고 있습니다. 획기적인 서비스를 제공하는 기업이 차세대 빅테크 자리를 꿰차게 될 것이며, 지금까지 빅테크에 속해 있던 기업이 밀려날 경우도 충분히 생각해 볼 수 있습니다.

✅ 생성형 AI는 누구에게나 막대한 양의 정보를 제공

텍스트 생성형 AI가 획기적인 이유는 방대한 텍스트 데이터를 바탕으로 자연스러운 문장을 만들어낼 수 있다는 점 때문입니다. 텍스트 생성형 AI는 인터넷상의 웹페이지나 검색 엔진 같은 기존 콘텐츠에서 무한에 가까운 데이터를 수집한 다음, 그를 바탕으로 문장을 만들어냅니다.

인터넷은 정보를 받기만 하는 것이 아니라 누구나 정보를 보낼 수

표8-3 | AI의 강점, 인간의 강점

AI의 강점	인간의 강점
과거	미래
정답이 있는 것	정답이 없는 것
전례가 있는 것	전례가 없는 것
우열이 명확함	우열이 애매함
정답이 중요함	문제가 중요함
보이는 것	보이지 않는 것
논리	직관이나 감성
변수가 고정되어 있는 것	변수는 무한, 불변

있습니다. 이렇게 주고 받은 정보들을 바탕으로 만들어진 텍스트 생성형 AI는 누구에게나 막대한 양의 정보를 제공합니다. 누구든지 의문점이나 질문을 챗GPT나 빙에 입력하기만 하면 방대한 양의 데이터에서 도출된 대답을 얻을 수 있습니다.

단, 텍스트 생성형 AI는 과거의 데이터를 바탕으로 합니다. 예를 들어 GPT-3.5를 베이스로 하는 무료 버전 챗GPT에 극히 최근에 발생한 사건이나 일을 질문하면 올바른 답변을 얻을 수 없습니다. GPT-3.5는 2021년까지의 데이터를 학습했기 때문에 그 이후에 발생한 데이터는 가지고 있지 않습니다.

인공지능, 텍스트 생성형 AI는 획기적이고 대단한 기술이지만 그렇다고 해서 만능은 아닙니다. 인공지능의 출현으로 많은 사람들이 직업을 잃을 것이라는 의견도 있지만 그런 일은 발생하지 않을 것입니다.

공장이 기계화되면서 노동자들이 일자리를 잃게 된 전례는 이미 몇 번이나 있었습니다. 하지만 그렇다고 해서 모든 노동자들이 길거리로 쏟아져 나오지는 않았으며, 새로운 기술에 맞는 신규 직업 또한 반드시 등장했습니다.

마찬가지로 텍스트 생성형 AI나 인공지능으로 인해 일시적으로 일자리를 잃게 되는 경우가 발생할 수도 있습니다. 하지만 새롭게 탄생하는 직업도 있을 것입니다. AI는 과거의 일이나 정답이 있는 것, 전례가 있는 것과 같은 문제들에 대한 답을 제시하는 데 강점이 있습니다. 반대로 미래의 일이나 정답이 없는 것, 전례가 없는 것, 직감이나 감성적인 문제들에 답을 제시하기 어려워하며, 이런 분야는 인간에게 강점이 있습니다. AI가 강점을 가지는 분야는 AI에게 맡기고, 인간은 AI가 힘을 발휘할 수 없는 분야에서 AI를 활용해서 문제를 해결하고 미래를 만들어나가면 됩니다.

2023년 2월에 개최된 세계정부 정상회담 기조연설에서 오픈AI의 창업자 중 한 명인 일론 머스크는 "생성형 AI 시대에 사람이 해야 할 일은 크리티컬 싱킹(Critical Thinking)"이라고 말했습니다. 크리티컬 싱킹이란 논리적 사고, 특히 직접 문제를 발견하고 논점을 명확히 하는 것을 의미합니다. AI가 어려워하는 미래 예측이나 정답이 없는 문제에 대해 생각하고, 실행해 나가는 것이야말로 인류에게 남겨진 역할인 것입니다.

오픈AI 홈페이지에는 올트먼 CEO가 실현하려 하는 사명이 게재되어 있습니다. 이 사명에는 혜택의 광범위한 분산, 장기적인 안전, 기술 리더십, 협동 지향의 4가지 원칙이 명시되어 있습니다. 상업적 압박에서 벗어나 인류에게 안전하고 유익한 인공지능을 개발하는 것이 오픈AI가 지향하는 목표인 것입니다.

올트먼이 인터뷰에서 항상 언급한 점을 살펴보면 인간의 생각과 가치관과 AI의 시스템을 합치시키는 것, 즉 조화에 대해 강한 집념을 가지고 있는 것 같습니다. 그 위에 세계와 인류를 더 나은 방향으로 만들어나가고 싶다는 강한 사명감과 가치관을 가지고 사업을 전개하고 있습니다.

AI는 능숙하게 활용해야 하는 도구입니다. 그러한 AI가 생성형 AI라는 형태로 현실과 밀접해지고 있습니다. AI 시대를 맞이한 인류가 무엇을 해야 하는지에 대해 생각해 보아야 하는 것입니다.

☑ MZ세대와 SNS의 흥망

메타의 마크 저커버그 CEO는 생성형 AI에 초점을 맞춘 새로운 제품을 제작하고 있다고 말했습니다. 메타는 지금 중대한 갈림길에 서 있습니다. 페이스북에서 메타플랫폼스로 회사의 이름을 바꾼 점에서 알 수 있듯이 SNS에서 메타버스로 전환하려고 하는 것입니다.

2004년에 시작한 페이스북은 당시 유행하던 마이스페이스(Myspace, 2003년)나 프렌드스터(Friendster, 2002년), 베보(Bebo, 2005년)와 같은 서비스를 대신해서 세계 최고 규모의 SNS로 군림했습니다. 그 후 X나 인스타그램, 구글 플러스, 유튜브, 텀블러 같은 다양한 SNS가 등장했지만, 사용자 수에서는 아직까지도 페이스북이 세계 최고를 유지하고 있습니다.

현재 페이스북 사용자 수는 약 30억 명에 달합니다. 메타가 인수한 인스타그램과 왓츠앱 사용자 수를 합치면 70억 명이 넘는 사용자를 확보한 것이 됩니다. 물론 가입만 해 두고 실제로는 거의 사용하지 않는 사람들이나 여러 서비스에 동시에 가입한 사용자들도 많기 때문에 실제 사용자 수와는 차이가 있겠지만, 그렇다 하더라도 엄청난 숫자입니다.

그러나 메타는 현재 커다란 위기감에 휩싸여 있습니다. 메타는 페이스북을 통한 광고 수입에 크게 의존하고 있는 기업인데, 이 수입이 크게 줄어들었기 때문입니다. SNS 인기, 그것도 페이스북처럼 다른 사용자들과 친밀한 관계를 구축하고 텍스트나 사진을 공유하며 즐기는 SNS에 암운이 드리운 것입니다. 반대로 현재 인기를 끌고 있는 애

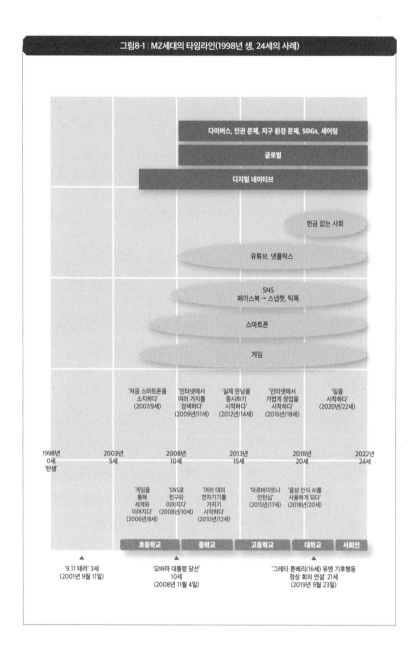

그림8-1 | MZ세대의 타임라인(1998년 생, 24세의 사례)

다이버스, 인권 문제, 지구 환경 문제, SDGs, 셰어링

글로벌

디지털 네이티브

현금 없는 사회

유튜브, 넷플릭스

SNS
페이스북 → 스냅챗, 틱톡

스마트폰

게임

'처음 스마트폰을 소지하다'
(2007/9세)

'인터넷에서 여러 가지를 검색하다'
(2009년/11세)

'실제 만남을 중시하기 시작하다'
(2012년/14세)

'인터넷에서 가볍게 창업을 시작하다'
(2016년/18세)

'일을 시작하다'
(2020년/22세)

1998년
0세
'탄생'

2003년
5세

2008년
10세

2013년
15세

2018년
20세

2022년
24세

'게임을 통해 세계와 이어지다'
(2006년/8세)

'SNS로 친구와 이어지다'
(2008년/10세)

'여러 대의 전자기기를 가지기 시작하다'
(2010년/12세)

'아르바이트나 인턴십'
(2015년/17세)

'음성 인식 AI를 사용하게 되다'
(2018년/20세)

초등학교   중학교   고등학교   대학교   사회인

'9.11 테러' 3세
(2001년 9월 11일)

'오바마 대통령 당선'
10세
(2008년 11월 4일)

'그레타 툰베리(16세) 유엔 기후행동 정상 회의 연설' 21세
(2019년 9월 23일)

플리케이션은 중국의 바이트댄스가 제공하는 틱톡입니다.

틱톡은 동영상에 특화된 SNS인데 사용자들이 투고하는 영상 중 많은 수는 10~30초 정도로 대단히 짧은 길이의 동영상입니다. 사용자들끼리 연결성이 거의 없으며, 표시되는 동영상을 계속 재생하다가 재미있는 영상에는 '좋아요'를 누르기도 하고 때로는 댓글을 남기는 정도로 약한 관계를 유지하는 것이 특징인 SNS입니다.

하지만 이렇게 약한 친목을 유지하는 SNS에서 일약 전 세계적으로 유명해진 사용자도 있고, 폭발적으로 판매된 상품이나 서비스가 여럿 등장했습니다. 왜 틱톡과 같은 SNS가 인기를 끌고 있는지 생각해 보면 MZ세대가 SNS에 피로감을 느끼고 있다는 결론에 다다르게 됩니다.

틱톡 사용자들의 중심은 소위 MZ세대라고 불리는 젊은이들입니다. MZ세대란 1990년대 중반부터 2010년대 전후로 태어난 세대를 의미하며, 디지털 네이티브라고도 불리는 세대입니다.

이 세대가 지금까지 거쳐 온 타임라인을 살펴보면 초등학생 때부터 사회에 진출하기 전까지 정말 다양한 SNS가 출현했습니다.(그림8-1) SNS에 가입하면 새로운 교류 관계를 형성할 수 있으며, 또 다른 SNS가 유행하면 다시 처음부터 새로운 교류 관계를 구축해 나갑니다. 그러다가 SNS 내에서 사용자들끼리 커뮤니케이션하는 것에 정신적인 피로를 느끼고 결국 SNS 사용 빈도가 낮아지게 됩니다.

그렇지만 아무 SNS도 사용하고 있지 않으면 불안감을 느낀다는 점도 이 세대의 특징일 것입니다. 시대나 친구들에게서 멀어져서 자신만 혼자 남겨지는 느낌을 싫어하며, 가볍게라도 항상 누군가와 이어져 있기를 바랍니다.

또한 젊은 세대는 부모나 어른들이 사용하는 SNS를 좋아하지 않고, 젊은이들끼리만 즐기는 SNS를 선호하는 경향이 강합니다. 게다가 페이스북과 같은 장문의 텍스트를 읽는 것보다도 몇 초짜리 짧은 동영상을 시청하는 것이 더 즐겁고 효율적이라고 생각하기도 합니다.

현재 전 세계 인구 중에서 약 33%가 MZ세대입니다. 여기에서 페이스북의 쇠퇴와 틱톡이 부흥하는 이유를 엿볼 수 있습니다. 메타가 페이스북에서 메타버스로 전환하려고 하는 이유도 메타버스라는 새로운 공간에서 MZ세대까지 포함한 새로운 SNS를 만들어내려고 하는 것입니다. 이 전략의 성공 여하에 따라서 메타가 빅테크에서 밀려날 가능성도 충분히 있습니다.

☑️ 틱톡의 본질과 영향력

페이스북 대신 등장한 틱톡은 중국의 바이트댄스라는 기업에서 2016년 9월에 시작한 서비스입니다. 짧은 동영상을 업로드하거나 업로드된 영상을 시청하며 즐길 수 있어서 쇼트 비디오 공유 사이트라고도 불리고 있는 틱톡은 SNS로 분류됩니다.

최초 사용자들은 중국 국내에 한정되어 있었으나 이듬해인 2017년부터 중국 이외의 지역에서도 이용할 수 있게 되었습니다. 사용자 수는 아직 페이스북에 미치지 못하지만, 아시아에서는 최상위 규모의 사용자 수를 자랑하는 서비스로 성장했습니다.

《워싱턴 포스트》는 2018년 11월에 틱톡의 인기에 대해 '틱톡에는 SNS의 장점이 모두 집약되어 있다. BGM 선정이나 편집 방법도 간단하고 스스로 아이디어를 생각해 내지 않아도 참여할 수 있는 챌린지 동영상이 많아서 간단히 업로드할 수 있다'라고 분석했습니다.

겨우 10초도 되지 않는 길이의 동영상을 업로드할 수 있기 때문에 콘텐츠 제작이나 진입 장벽이 낮다는 것도 틱톡이 가진 특징 중 하나입니다. 짧은 시간에 간단히 만들 수 있고 팔로워가 적어도 콘텐츠를 확산시키기 쉬워서 MZ세대에게는 최적의 SNS라고 할 수 있습니다.

MZ세대가 SNS를 사용하는 이유 중 하나로 승인받고자 하는 욕구가 높다는 점을 들 수 있습니다. 승인 욕구란 누군가에게 인정받고 싶어 하는 마음, 더 많은 사람에게 인정받고 싶다는 욕구를 가리킵니다. 틱톡에 업로드한 동영상에 '좋아요'를 받거나 공유 수가 늘어나면 이러한 승인 욕구가 채워집니다.

애플리케이션 시장에 관한 데이터와 분석을 제공하는 미국의 데이터에이아이(data.ai)에 따르면 2023년 제1사반기의 iOS용 애플리케이션 중 게임 분야를 제외하고 틱톡이 전 세계에서 가장 많이 다운로드되었다고 합니다. 그다음으로 다운로드가 많은 애플리케이션은 인스타그램이었습니다. 2023년에 글로벌 애플리케이션 시장은 회복세에 접어들고 있으며 이 시기의 다운로드는 384억 회로, 2022년 3사반기에 이어 과거 두 번째로 많은 다운로드를 기록하고 있습니다. 애플리케이션 다운로드 횟수가 많다는 것은 그만큼 사용자 수도 증가했다는 의미입니다.

비즈니스 관점에서 보더라도 틱톡은 크나큰 장점을 가지고 있습니다. 틱톡은 동영상 제작이 용이하기에 많은 콘텐츠들이 만들어지고 있으며 손쉽게 공유할 수 있다는 장점 덕분에 기업들이 광고를 게재하기 쉽습니다.

특히 틱톡의 광고는 모두 동영상 광고이기 때문에 더욱 자연스럽고 신뢰할 만한 것으로 여겨집니다. 월드와이드 플랫폼이므로 틱톡에 광고를 게재하기만 하면 세계 전역으로 퍼져나갑니다. 사용자들이 보았을 때에도 그리고 광고를 게재한 기업 입장에서도 틱톡은 지금까지의 SNS보다 훨씬 손쉬우면서 효과적입니다.

물론 문제가 전혀 없다고는 할 수 없습니다. 중국 기업이 운영하고 있기 때문에 사용자 데이터가 중국으로 유출되는 것이 아닌가라는 의혹이 일면서 틱톡 사용을 금지하는 나라도 등장했습니다. 2023년 4월에는 미국 몬태나주에서 틱톡을 금지하는 법안이 가결되었습니다. 2020년 7월에 트럼프 전 대통령이 중국 정부에 개인정보가 유출되는 것을 막기 위해 미국 내에서 틱톡을 금지할 것이라고 발표했습니다. 그러나 이듬해인 2021년에 바이든 대통령은 국가 안전 보장 측면에서 리스크를 초래할 만한 증거가 없다는 이유로 해당 연방 집행 명령을 철회했습니다.

그런데 2022년 12월에 메릴랜드주의 래리 호건 전 주지사는 중국과 러시아의 특정 기업의 제품과 플랫폼을 메릴랜드주 정부 기관에서 사용하지 못하게 하는 긴급 명령을 발표했습니다. 이에 따라 틱톡 사용이 금지되었으며 더 나아가 텍사스, 네브래스카, 사우스캐롤라이나 등 여러 주에서도 틱톡 사용을 금지하는 사례가 발생했습니다.

이러한 미국의 움직임에 호응하기라도 하듯 2023년 3월에는 영국 정부가 정부 단말기에서 틱톡을 사용하는 것을 금지했습니다. EU나 일본, 캐나다 등에서도 정부에 등록된 모든 기기에서 틱톡을 삭제하기로 했습니다.

틱톡의 기능이나 사용과 관련된 문제가 아니라, 사용자 수가 급증하는 SNS를 중국 기업이 운영하고 있다는 사실이 문제가 되고 있는 것입니다. 정치와 경제가 밀접히 연계되어 있는 현대 사회에서는 SNS에도 미국과 중국의 패권 다툼이 짙게 드러나고 있습니다.

☑ DX 기업으로 진화한 월마트

빅테크의 아성을 무너뜨리는 기업이 반드시 스타트업이나 테크놀로지 기업들 중에서 나올 것이라고 단정 지을 수는 없습니다. 예를 들어 유통 분야의 대기업인 월마트도 그 중 하나가 될 수 있습니다.

월마트는 미국 델라웨어주에 본부를 둔 세계 최대 슈퍼마켓 체인입니다. 1945년에 잡화점으로 시작한 월마트는 1970년대에 뉴욕 증권거래소에 상장하면서 급격히 성장했고, 1990년에는 미국 최대 규모의 소매점이 되었습니다. 2022년 매출은 약 6천억 달러에 달합니다.(그림 8-2) 일본 최대의 유통 기업 그룹인 이온 그룹의 매출이 약 8조 엔이므로, 월마트는 이온의 10배를 넘는 매출을 자랑하고 있는 것입니다.

매출만 가지고 보면 월마트의 매출은 아마존을 웃돌고 있습니다. 물론 단순히 매출만으로 빅테크를 위협하고 있는 것은 아닙니다. 사실 불과 5, 6년 전까지 월마트는 시대에 뒤처진 기업이라고 간주되었

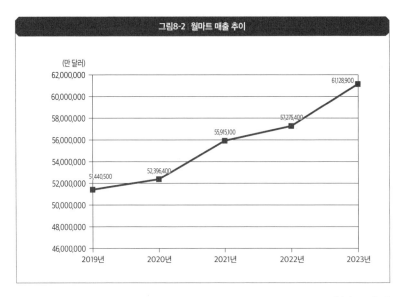

그림8-2 | 월마트 매출 추이

(만 달러)

62,000,000

61,128,900

60,000,000

58,000,000
57,275,400

56,000,000
55,915,100

54,000,000

52,396,400
52,000,000
51,440,500

50,000,000

48,000,000

46,000,000

2019년   2020년   2021년   2022년   2023년

※회계 연도는 2월~1월

습니다. EC 분야의 매출이 아마존에 비해 크게 뒤처졌던 것이 이유였습니다.

그런데 2014년에 더그 맥밀런이 CEO에 취임하면서 디지털 시프트 방침을 표방했고, 온라인 판매 스타트업인 '제트닷컴(Jet.com)'을 매수해 제트닷컴의 공동 창업자인 마크 로어를 월마트 EC 분야의 총책임자로 임명했습니다. 그러자 월마트 EC 사업의 매출이 2019년 1월기에 전년 대비 40% 증가했습니다. 매출이 증가한 핵심은 DX 추진 때문이었습니다. DX란 디지털 트랜스포메이션(Digital transformation)을 의미합니다. ICT나 AI, IoT, 빅데이터와 같은 디지털 기술을 사용해서 업무 흐름을 개선하거나 새로운 비즈니스 모델을 창출하며 레거시 시스템에서 탈피하고, 더 나아가 기업 풍토까지 변혁시키는 것입니다.

많은 기업이 DX화에 착수하면서 기업 풍토까지 변혁시키지 못한 것은 디지털 도구를 단순히 효율화를 위한 도구로밖에 활용하지 않았기 때문입니다. 월마트는 코로나 팬데믹 당시에 사원들의 안전과 건강을 최우선 순위에 두었고, 서플라이 체인을 지속했으며, 서플라이어와 거래처 등 회사 외부를 지원하고 새로운 인력을 고용했습니다.

월마트는 코로나 상황에서 급증한 EC 수요에 대응하고 비대면 서비스를 보완하기 위해 '월마트 플러스'라는 유료 회원제 프로그램을 시작했습니다. 또한 기후 변화 문제에 대한 대응으로 2017년부터 '프로젝트 기가톤'을 시작했으며, 2030년까지 서플라이 체인에서 발생하는 이산화탄소를 누계 1기가톤(10억 톤) 줄이려고 노력하고 있습니다.

월마트는 소매업이기 때문에 '오프라인 매장에서 판매한다'는 전략으로 실적을 늘려왔습니다. 그러나 코로나 이후에는 이를 고집하지 않고 온라인을 포함시켜 옴니 채널화를 진행했으며 구독 서비스를 시작으로 배송까지 실시했습니다. DX를 통해 기업 문화의 변혁까지 달성한 것입니다. 월마트는 이미 구태의연한 유통 업자가 아닙니다. 디지털로 고객과 연계하는 CX(커스터머 익스피리언스) 월마트로 변혁을 이룩한 것입니다.

☑ 사이즈 측정에서 시착까지, '버추얼 트라이 온'

코로나 사태로 인해 손님들이 방문하는 음식점이나 유통업은 큰 타격을 받았습니다. 외출 제한으로 인해 손님들이 매장을 방문하지 않게 됨에 따라 물건도 팔리지 않게 되었습니다. 반대로 온라인에서 판매를 하던 아마존과 같은 유통회사들은 주문량이 증가해서 실적이 향상하는 코로나 특수가 되었습니다.

그러한 상황에서 AR을 활용한 버추얼 트라이 온이 등장했습니다. 얼굴이나 전신을 감지해서 특징을 트래킹한 다음 가상현실에서 상품을 착용해 볼 수 있는 기술입니다. 이 기술은 원래 몇 년 전부터 존재했지만 코로나 사태로 인해 주목받게 되었고, 소매 판매처들에서 확고하게 입지를 다지고 있습니다. 예를 들어 화장품의 경우 고객의 얼굴을 스캔한 다음 그 위에 제품을 사용해서 화장한 얼굴을 그려줍니다. 증강 현실이기 때문에 실제로 화장을 하지 않더라도 상품을 사용한 이미지를 그대로 보여줄 수 있습니다. 만약 다른 제품을 사용해 보고 싶다면 화장을 지울 필요 없이 바로 시험해 볼 수도 있습니다. 이미 더립바(The Lip Bar)나 펜티뷰티(Fenty Beauty) 등의 화장품 브랜드는 버추얼 트라이 온 기술을 다양한 제품 카테고리에서 활용해 매출로 연계하고 있습니다.

옷이나 신발 같은 상품도 버추얼 트라이 온으로 증강 현실에서 시착을 해볼 수 있습니다. 카메라 앞에 서기만 하면 상품 선택에 필요한 사이즈 측정부터 실제 착용했을 때의 모습까지 3D 렌더링으로 마치 그 상품들을 입어본 것처럼 확인할 수 있습니다.

버추얼 트라이 온 서비스가 있으면 굳이 매장에 방문할 필요 없이 제품을 몸에 걸친 느낌을 알 수 있기 때문에 소비자들을 그대로 온라인 매장으로 유도하는 것이 가능합니다. 만약 오프라인 매장 방문 시 재고가 없더라도 버추얼 트라이 온을 활용하면 시착해 볼 수 있다는 장점도 있습니다.

옷이나 신발, 화장품 등 패션 아이템은 이미 인터넷 구매가 당연해지고 있습니다. 지금까지는 인터넷 쇼핑에서 시착을 해볼 수 없었기 때문에 소비자들이 불만을 느끼고는 했지만 버추얼 트라이 온을 활용해 이를 해소할 수 있게 되었습니다. 이 기술은 앞으로도 다양한 분야에서 정착, 발전할 것이라고 예측해 볼 수 있습니다.

☑ 중국의 TCL에 주목하다

CES 2023에서 가장 놀라움을 주었던 기업은 중국 TCL이었습니다. TCL의 정식명칭은 'TCL 과학기술집단'으로 중국 광둥성에 본사가 있습니다. TCL은 텔레비전을 시작으로 여러 가전제품, 조명, 컴퓨터, 스마트폰, 태블릿, 스마트워치, 전자 매체 등 광범위한 분야의 상품을 제조, 판매하고 있습니다. 이러한 TCL의 제품이 주요 제품 카테고리에서 베스트 프라이즈를 획득했는데, 특히 TCL의 스마트글라스는 CES 2023에서 가장 기능이 뛰어나다고 느낀 기기였습니다.

TCL 부스 바로 옆에 파나소닉 제품 전시 부스가 있었습니다. 파나소닉은 B2B, 다시 말해 기업 간의 거래로 주축을 옮기려고 하고 있었습니다. 그러나 TCL은 B2C, 즉 일반 소비자와의 거래를 중심으로 하고 있으며 B2C의 에코 시스템을 대대적으로 전개해 소비자의 니즈에 더욱 부합되는 제품을 제조하려 하고 있습니다. 파나소닉 같은 B2B의 경우에도 가전제품은 최종적으로 실사용자에게 전달됩니다. B2B에서도 B2C에 대한 이해를 빼놓을 수 없는 것입니다. TCL은 소비자의 니즈를 명확하게 파악하고 있는 듯합니다.

현재 GAFAM이라는 빅테크에 가장 가까이 접근해 있고 빅테크를 추월하려 하는 곳이 이 TCL로 대표되는 중국의 테크놀로지 기업입니다. 중국 테크놀로지 기업의 중심은 BAT라고 할 수 있습니다. BAT는 바이두(百度), 알리바바(阿里巴巴集團), 텐센트(腾讯)의 이니셜을 딴 것입니다. 그리고 TMMD가 BAT를 뒤쫓고 있습니다.

TMMD는 진르터우탸오(今日头条), 메이퇀뎬핑(美团点评), 샤오미(小米), 디디추싱(滴滴出行) 이렇게 네 기업을 뜻합니다. 이번 CES에서 TCL을 보면서 중국 테크놀로지 기업이 감추고 있는 저력을 강하게 느낄 수 있었습니다. 만약 GAFAM이 격추된다고 한다면 그 선봉에 중국 테크놀로지 기업들이 존재할지도 모르겠습니다.

☑️ 중국 기업들의 불확실한 요소

BATH로 언급되는 중국 테크놀로지 기업을 간단히 소개해 보자면 다음 네 개 기업이 있습니다.

• B(바이두): 중국 최대 검색 엔진을 제공하는 기업. 중국판 구글이라고도 일컬어진다. 구글과 마찬가지로 검색부터 바이두 지도, 바이두 번역기와 같은 서비스를 제공하고 있으며, 아이치이(iQIYI)라는 동영상 스트리밍 서비스도 제공하고 있다.

• A (알리바바): 1999년에 설립된 온라인 쇼핑 기업으로, GAFAM에서는 아마존과 비교된다. 모바일 결제 방법인 '알리 페이(Alipay)'를 운영하고 있는 기업이며 물류 사업부터 오프라인 매장, 클라우드, 금융 사업까지 폭넓은 분야를 경영하고 있다.

• T (텐센트): 소셜 네트워킹 서비스, 인스턴트 메신저, 웹 호스팅 서비스 등을 제공하는 기업으로 '중국의 페이스북'이라고도 불린다. SNS를 시발점으로 게임 등의 디지털 콘텐츠, 결제와 같은 금융 서비스, AI를 활용한 자동 운전이나 의료 서비스, 그에 더해 클라우드 서비스도 제공하고 있다.

• H (화웨이): 중국의 통신 기기 메이저 기업이다. 스마트폰 출하 대수로는 세계 2위인 기업이며 애플과 종종 비교될 정도이다. 그러나 실제로는 이동 통신 설비의 메이저 기업이며, 출하 대수는 스웨덴의 에릭슨을 제치고 세계 최고에 달한다. 아마존에 대항해서 클라우드 서비스 사업에도 주력하고 있으며, GAFAM의 뒤를 쫓는 기업들 중 하나에 속해 있다.

이러한 기업들이 중국 테크놀로지 업계의 선두를 달리고 있습니다. 단, 중국 기업에는 중국 정부라고 하는 불확실한 요소가 항상 존재합니다. 예를 들어 2021년에 중국 정부는 테크놀로지 기업에 대한 규제를 도입했습니다. 보안이나 사상에 대한 걱정 때문일 것입니다. 알리바바 그룹의 결제 서비스인 알리 페이는 거액의 무담보 대출을 제공했다는 이유로 중국 정부로부터 감시의 대상이 되었으며, 사업 재구축을 고려해야 할 정도로 압박을 받고 있습니다. 텐센트나 바이두에서 개발하고 있는 게임의 경우, 일본이나 한국 게임과 유사한 형태이기 때문에 중국 정부로부터 국가의 사상과 일치하게 행동하라는 지적을 받고 있습니다.

게다가 중국 정부에 의한 신종 코로나바이러스 대책 규제 및 경제가 악화될 전망이 BATH를 더 불안하게 만드는 요소로 작용하고 있습니다. 알리바바에서는 2022년 제3사반기 매출이 약 289억 달러였는데, 이는 전년 동기 대비 3%가 증가한 것이었습니다. 그런데 내실을 살펴보면 고객 관리 수입(CMR)이 7% 감소했으며, 이는 과거 최대로 하락한 수치라고 합니다.

고객 관리 수입이란 출점자가 알리바바 사이트에서 광고 등에 소비한 금액을 가리킵니다. 알리바바에서는 보통 CMR이 매출 전체의 3%를 차지하고 있습니다. 이 CMR 수치가 7%나 떨어졌다는 사실은 큰 불안 요소가 됩니다. GAFAM을 추격하고 있는 중국의 BATH와 같은 테크놀로지 기업의 경우 다른 나라에서는 찾아볼 수 없는 특수한 상황도 고려해야만 할 것입니다.

✅ 바이두가 약진하는 이유

바이두는 인터넷 검색 서비스를 제공하고 있는 사이트입니다. 중국에서는 정부가 사실상 구글 접속을 금지하고 있기 때문에 구글을 대신해서 인터넷 검색에 활용하는 사이트가 바이두입니다. 검색 서비스뿐만 아니라 지도나 번역과 같은 서비스도 제공하고 있으며, 중국에서는 단독 선두를 달리고 있고 세계적으로도 구글의 뒤를 잇는 2위의 검색 엔진 사이트입니다.

검색 서비스라는 성질상, 바이두의 수입도 구글과 마찬가지로 광고에 크게 의존하고 있습니다. 코로나 사태로 인한 광고 침체와 더불

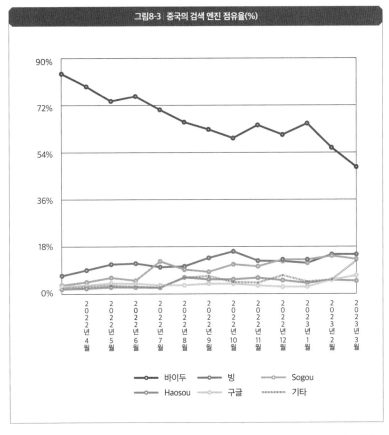

그림8-3 | 중국의 검색 엔진 점유율(%)

▲ 출처: 스탯카운터

어 모바일 결제와 같은 금융 서비스에 대한 느린 대응, 광고 사기(Ad Fraud) 사건, 경영 간부진의 빈번한 교체 등 부정적인 뉴스가 잇따랐고 이것이 실적과 평가로 이어졌기 때문인지 바이두의 시가 총액은 알리바바나 텐센트보다 뒤처진 상태입니다. 바이두는 이러한 상태에서 벗어나기 위해 자동 운전 AI 사업에 뛰어들었습니다.

원래 바이두는 검색 서비스의 편리성을 향상시키고, 다양한 학습 모델과 대량의 기계 학습을 통해 데이터를 분석, 예측하는 '바이두대뇌(百度大腦)'를 2014년에 발표했습니다. 2016년에는 심층 학습 플랫폼인 '패들패들(Paddle Paddle)'을 오픈 소스화해서 세계 규모의 AI 엔진 제작에 착수한 바 있습니다.

이듬해인 2017년경에는 음성 AI 어시스턴트인 '듀어OS(DuerOS)'도 발표했습니다. 스마트스피커 '샤오두'는 2020년 제1사반기에 세계 스마트스피커 출하 대수 3위를 기록했습니다. 이런 배경에서 만들어진 것이 자율 주행 플랫폼 '아폴로(Apollo)'입니다.

검색을 통한 광고 단일 집중화 때문에 바이두는 AI 기업으로 계속해서 진화하고 있습니다. 중국 정부가 주도하는 '차세대 인공지능 개방, 혁신 플랫폼' 프로젝트에서 AI 관련 네 기업 중 바이두가 자율 주행 사업을 담당하게 되었는데, 이 프로젝트를 통해 2030년에는 인공지능 분야에서 중국이 세계 최고가 될 것이라고 선언하기도 했습니다.

중국에서는 국가의 규제로 인해 매출이 떨어지기도 하고 반대로 정부의 지원을 받아 세계 최고로 활약하게 되기도 하는 상황이 발생합니다. 이처럼 중국 테크놀로지 기업에는 다른 나라들에서 볼 수 없는 불안 요소가 여럿 존재합니다. 그러나 이를 고려하더라도 GAFAM 다음으로 군림하게 될 테크놀로지 기업은 중국에서 나올 가능성이 크다고 예상해 볼 수 있습니다. 그러한 의미에서라도 우리는 BATH나 TMMD에 주목해야만 할 것입니다.

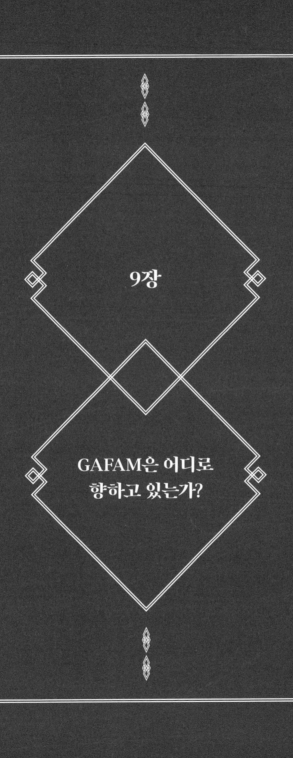

9장

GAFAM은 어디로
향하고 있는가?

☑ SNS의 변곡점과 MZ세대

페이스북이 메타버스로 방향을 전환하려고 하는 것처럼 최근 몇 년 동안 SNS 업계는 이상 기운이 감돌고 있습니다. 암운이 드리운 것은 2022년 2월에 메타플랫폼스의 결산 보고가 발표된 직후부터였습니다. 이날은 사명을 메타플랫폼스로 변경한 이후, 2021년 10월부터 12월까지 제3사반기와 해당 연도의 결산 보고를 하는 첫 발표였습니다.

보고서에 따르면 메타플랫폼스의 매출은 전년 동기 대비 20% 증가한 336억 7,100만 달러였지만, 순수익은 8%가 감소한 102억 8,500만 달러로 예상을 크게 밑돌았습니다. 덕분에 메타의 주가는 전날 종가에서 20% 이상 하락했습니다.

페이스북은 2004년에 마크 저커버그 현 CEO와 당시 저커버그의

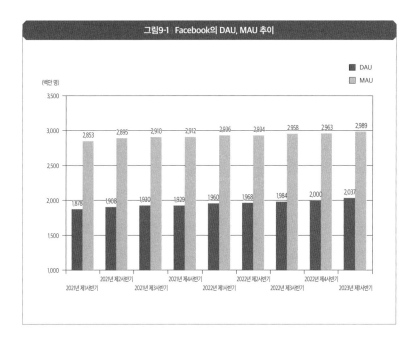

■ DAU
■ MAU

(백만 명)

3,500

3,000   2,853   2,895   2,910   2,912   2,936   2,934   2,958   2,963   2,989

2,500

2,000   1,878   1,908   1,930   1,929   1,960   1,968   1,984   2,000   2,037

1,500

1,000

2021년 제1사반기   2021년 제3사반기   2022년 제1사반기   2022년 제3사반기   2023년 제1사반기
            2021년 제2사반기   2021년 제4사반기   2022년 제2사반기   2022년 제4사반기

하버드 대학 룸메이트였던 에드와도 새버린이 설립했습니다. 순조롭
게 성장하고 있던 페이스북에도 2021년부터 2022년에 걸쳐 DAU가
약간 감소한 시기가 있었습니다. DAU란 Daily Active Users의 약자로,
하루에 한 번 이상 서비스를 이용한 사용자 수를 의미합니다. 덧붙여
서 월 1회 이상 서비스를 이용한 사용자 수는 MAU(Monthly Active Users)로
나타냅니다. 2021년 제1사반기부터 2022년 제4사반기까지의 MAU와
DAU는 그림9-1처럼 변화했습니다.

2021년 말부터 2022년에 걸쳐 큰 변동이 없거나 혹은 DAU를
MAU로 나눠서 산출한 비율을 보면 이용 실태를 파악할 수 있습니다.
그런데 이 값을 통해서도 이용 실태가 약간 줄어들었음을 엿볼 수 있

습니다. 이 시기에 짚이는 점으로는 애플의 개인정보 보호 강화를 들 수 있습니다. 2021년 10월에 애플은 iOS를 업데이트했습니다. 이때 애플이 개인정보 보호 정책을 변경함에 따라 사용자들의 활동을 추적하기 어려워졌으며, 아이폰 사용자들에게는 타기팅 광고를 표시하기 어려워졌습니다.

페이스북은 페이지 내에 광고를 표시하는데, 이 광고야말로 페이스북의 큰 수입원입니다. 그러나 iOS 변경으로 인해 직접적으로 수익이 감소하게 되었습니다. 광고 클라이언트측도 사용자들의 활동을 추적할 수 없기 때문에 맞춤 광고를 표시하기 어려워졌습니다. 개인정보 보호 정책 변경에 따른 OS 업데이트로 인해 광고 수입에 의존해왔던 SNS는 크나큰 전환점에 서게 된 것입니다.

페이스북을 대신해 젊은 층에게 인기를 끌고 있는 SNS로는 8장에서 언급했던 틱톡이 있습니다. 바이트댄스측 발표에 따르면 틱톡의 광고 수입은 2019~2024년 사이에 무려 70배나 증가할 전망이라고 합니다. 인기를 끄는 SNS가 바뀌는 중대한 요인으로 MZ세대의 등장을 생각해 볼 수 있습니다.

✅ 환경 문제에 관심이 많은 MZ세대

페이스북의 광고 수입 감소에는 애플의 개인정보 보호 정책이 바뀐 점도 크게 작용했지만, MZ세대의 등장도 중대한 요인 중 하나입니다. MZ세대는 태어났을 때부터 컴퓨터를 접해왔으며 인터넷도 일상

▲ 출처: 취리히 보험 「세대 간의 기후 변동에 관한 의식 조사」

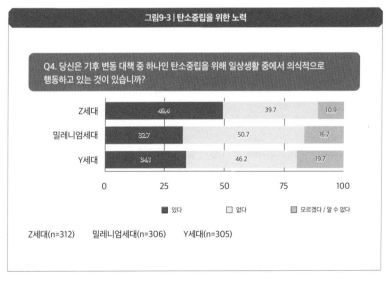

▲ 출처: 취리히 보험 「세대 간의 기후 변동에 관한 의식 조사」

적으로 사용했습니다. 그러므로 성장함에 따라 인터넷을 통해서 세계로 연결될 수 있는 게임이나 SNS에 일상적으로 익숙해진 세대입니다. 스마트폰과 함께 살아왔기 때문에 스마트폰 네이티브 세대라고 불러도 좋을 것입니다.

이 세대의 특징으로는 다양성과 인권, 지구 환경 문제, 지속가능발전목표(SDGs) 같은 과제에 대한 관심이 많다는 점을 들 수 있습니다. 개인정보 보호 문제에도 관심이 많기에, 애플의 정책 변경에 대해서도 저항 없이 받아들이고 있습니다.

2015년 9월 유엔정상회담에서 가맹국의 만장일치로 '지속가능한 개발을 위한 2030 어젠다'가 채택되었습니다. 이때 SDGs로 17건의 목표가 설정되었습니다. 그 내용 중에는 기후 변동의 원인이 되는 온실가스 배출 저감이나, 기후 변동에 따른 환경 변화에 적응하는 것 그리고 환경 변화로 인한 영향을 경감시키는 것이 있습니다. 탄소중립은 이러한 항목과 깊은 관련이 있는 문제입니다.

☑ 있는 그대로를 보여주는 'BeReal'

페이스북 대신 틱톡을 선택한 것처럼 MZ세대는 기존 SNS가 아니라 새로운 SNS를 선호하는 경향이 있습니다. 예를 들어 비리얼(BeReal)이 있습니다. 비리얼은 2020년에 프랑스에서 시작한 SNS 애플리케이션입니다. 처음에는 크게 주목받지 못했지만, 2022년 초부터 중반에 걸쳐 급격히 인기를 끌고 있습니다. 비리얼은 매일 무작위로 선정된

시간대에 자신이나 주변의 사진을 찍
어서 업로드하는 앱으로, 사진 편집
이나 좋아요 같은 기능은 탑재하고
있지 않습니다. 그러나 타인을 팔로
우하거나 팔로우한 상대의 사진을 열
람할 수 있는 기능이 있기에 SNS로
분류해도 무방할 것입니다.

● 사진을 찍고 업로드하는 단순한 애플리케이션으
로, 친구들의 사진이나 기타 사용자들이 업로드
한 사진을 열람할 수 있다

최근에는 성장세가 더뎌지는 경
향이 보이긴 하지만 이렇게 단순한
애플리케이션이 왜 한때 인기를 끌
었을까요? 인스타그램으로 대표되는
상황을 보면 알 수 있듯이 인터넷에
업로드하는 사진은 '보정'하는 것이
기본이었으며, 얼마나 보기 좋은 '인
스타용' 사진을 업로드하는지 여부가 인기를 얻을 수 있는 비결이었
습니다. 멋지게 보정된 사진은 좋아요 수가 어마어마하게 늘어납니다.
좋아요 수치를 가지고 경쟁하거나, 공유된 횟수로 일희일비하는 것이
SNS의 즐거움 중 하나이기도 했습니다.

그렇지만 MZ세대는 이러한 SNS에 질리기 시작했으며, 'SNS 피로
증후군'이라는 신조어가 상징하는 것처럼 SNS상의 평가나 수치에 스
트레스를 느끼기 시작했습니다. 비리얼은 '진정한 자신을 친구들에게
보여준다'는 목적으로 만들어졌으며, 같은 SNS라 할지라도 대단히 느
슨한 연결고리로 '현재'를 공유할 수 있습니다. 비리얼에서는 '꾸미지

않은' 리얼한 모습을 보여주는 것이 목적입니다. 아무것도 생각할 필요 없이 있는 그대로의 일상을 업로드할 수 있는 비리얼은 스트레스를 받지 않아도 되기 때문에 신선하게 다가왔을 것입니다. 그리고 이것이야말로 MZ세대의 SNS 사용 방법입니다.

MZ세대가 페이스북이나 인스타그램을 떠나는 경향은 더욱 확산되고 있으며, 일론 머스크가 매수한 X(트위터)를 멀리하는 경향도 보입니다. 트위터 매수 이야기가 등장한 시점인 2016년이나 인수가 확정된 2022년에는 분산형 SNS인 마스토돈(Mastodon)이 유행하기도 했습니다.

마스토돈은 전 세계에 여러 서버를 만들 수 있습니다. 사용자가 특정 서버에 등록하면, 해당 서버에 업로드된 메시지를 열람할 수 있는 SNS입니다. 서버 호스팅 프로그램은 오픈 소스이기 때문에 누구나 서버를 개설할 수 있고 세계 전역에서 수많은 서버가 운영되고 있습니다.

비리얼이든 마스토돈이든 MZ세대가 SNS를 사용하는 방법은 기존 세대와는 차이가 있습니다. 그렇다는 것은 SNS를 중심으로 거대해진 빅테크 기업이 MZ세대에게 부합되는 완전히 새로운 서비스를 모색해야만 하는 시대가 도래했다는 뜻이겠지요.

✅ 화상 커뮤니케이션을 선호하는 세대

MZ세대에게 인기 있는 SNS 중에는 스냅챗(Snapchat)이 있습니다. 스냅챗이란 2011년에 미국 스탠퍼드 대학의 에반 슈피겔과 바비 머피,

레지 브라운이 시작한 SNS로, 사진이나 동영상을 업로드하고, 팔로잉된 친구들이나 그룹에게 공유할 수 있는 서비스입니다. 스냅챗은 스마트폰용 사진이나 공유 애플리케이션으로 소개되는 경우가 많지만 실제로는 인스타그램 같은 사진 공유 SNS라고 할 수 있습니다.

스냅챗의 큰 특징은 업로드한 사진이나 동영상에 '렌즈'라고 하는 AR 필터를 씌워 여러 보정을 할 수 있다는 점입니다. 그리고 업로드한 데이터들은 일정 시간이 경과하면 자동으로 사라집니다. 페이스북이나 인스타

그림9-5 | Snapchat 애플리케이션 소개 페이지

● 업로드한 사진이나 동영상은 일정 시간이 경과하면 자동적으로 사라진다

그램에는 스토리라는 기능이 있는데 팔로워들이 업로드한 사진이나 동영상을 24시간 동안만 볼 수 있으며, 그 후에는 자동으로 삭제됩니다. 스냅챗은 이 스토리 기능에 특화된 서비스라고 생각하면 될 것입니다. 업로드한 것이 사라져버리는데 어째서 인기를 끌고 있는 것일까요. 그 이유는 24시간 만에 사라져버리는 사진이므로 '멋지게' 꾸미는 데 신경 쓸 필요가 없고 가볍게 즐길 수 있기 때문입니다.

지인들과 그룹 채팅방을 개설하고 메시지를 주고받거나, 화상 통화를 할 수도 있습니다. 또한 업로드하는 사람이 사진이나 메시지의 열람 시간을 1~10초 사이로 설정할 수도 있어서 업로드하더라도 불과

10초 만에 사라지게 할 수도 있습니다. 메시지를 읽는 사람도 메시지를 여는 순간 금방 사라져버린다는 것을 알고 있기 때문에 어떤 사진이나 메시지일지 기대하게 됩니다. 이런 두근거림도 즐거움 중 하나인 것입니다.

스냅챗을 사용하는 세대에는 MZ세대도 포함되어 있으며, 리얼한 일상을 장난기 가득하게 즐기고 있습니다. 스냅챗이 공개한 2021년 투자가 대상 자료에 의하면 스냅챗 세대의 150% 이상이 화상으로 의사소통하기를 즐긴다고 나와있습니다.

그리고 업로드한 사진도 불과 몇 초에서 길게는 24시간 이내에 사라져버립니다. 이렇게 '사라진다'는 특수성이야말로 지금까지의 SNS에는 없었던 특징입니다. 스냅챗은 다른 사람들의 평가를 신경 쓰지 않아도 되는, 승인 욕구에서 해방된 새로운 SNS로서 MZ세대를 중심으로 SNS의 가능성을 넓혀 나가고 있습니다.

☑ '스냅챗 세대'의 광고 전략

메타의 마크 저커버그 CEO는 생성형 AI에 초점을 맞춘 새로운 제스냅챗을 운영하는 스냅(Snap Inc.)은 앞서 언급한 것처럼 2011년에 설립되었고 2015년에는 5억 3,700만 달러의 자금을 조달했습니다. 그리고 2017년에는 뉴욕 증권 거래소에 상장했습니다.

상장은 했지만 이익은 적자였습니다. 2017년 매출은 8억 2,495만 달러로 34억 4,500만 달러의 적자를 기록했습니다. 2022년 말 결산에서도 매출이 46억 달러인데 비해 이익은 14억 2,965만 달러의 적자였습니다. 그러나 매출만 그래프로 나타내 보면 급격히 상승하고 있다는 점을 잘 알 수 있습니다.(그림9-6) 그것도 2021년 제4사반기만 살펴보면 이때 처음으로 흑자를 기록했으며 이를 통해 회사의 주가가 급등했고, 일시적으로는 60% 가까이나 급성장했습니다.

스냅챗에서 발표한 주주와 투자자들을 위한 보고서에는 '스냅챗 세대는 자신들이 중요하게 여기는 사회 문제에 반하는 행위를 하는 브랜드의 상품은 구입하지 않는 경향이 있다'고 기록되어 있습니다. 페이스북과 스냅챗의 매출과 회원 수의 증가 현황을 비교해 보면 MZ 세대 혹은 스냅챗 세대인 10대의 가치관이 스냅챗 선호로 바뀌고 있다는 점을 파악할 수 있습니다.

페이스북이 애플의 개인정보 보호 정책과 그에 따른 광고 시스템이 변경되면서 크나큰 타격을 받았다는 점을 앞서 설명했습니다. 마찬가지로 애플의 광고 시스템 변경이 스냅챗에도 심각한 영향을 미치고 있습니다.

2021년 10월에는 스냅의 에반 슈피겔 CEO는 "아이폰의 광고 시스템 변경으로 인해 디지털 광고 사업이 타격을 받고 있다."고 인정했습니다. 이 발언으로 인해 스냅의 주가는 하락했지만, 그런 상황에서도 스냅챗의 사용자 수는 계속해서 증가하고 있습니다.

2023년 2월에는 스냅챗의 월간 활성 사용자 수가 7억 5,000만 명이었습니다. 또한 일일 활성 사용자 수를 나타내는 DAU는 그림9-7과 같은 추이를 보이고 있으며, 2022년 4사반기에는 3억 7,500만 명에 달해 그래프가 우측 상단으로 상승하고 있습니다.

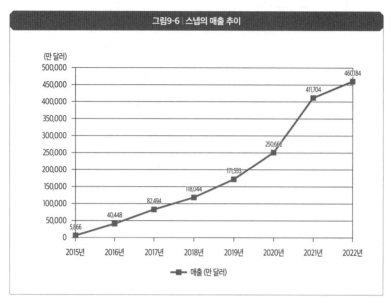

▲ 출처: 스냅 보도자료

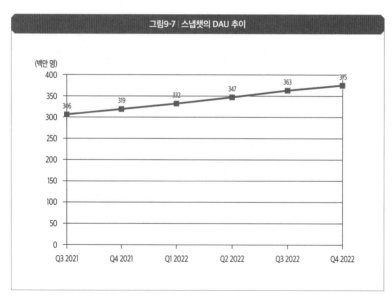

▲ 출처: 스냅 보도자료

빅테크 기업 트렌드 2024

SNS 사용자들은 앞으로 점점 더 디지털 네이티브 세대가 중심이 되어 갈 것입니다. 따라서 앞으로는 기존 페이스북 같은 SNS보다 스냅챗처럼 가볍게 콘텐츠를 업로드할 수 있는 SNS가 더욱 주목받게 될 것입니다.

✅ MZ세대의 기호에 맞게 SNS를 재구축

스냅챗은 앞서 언급한 것처럼 렌즈라고 하는 카메라 필터 기능을 사용해서 사진을 다양하게 편집할 수 있습니다. 또한 사진 위에 캐릭터를 입히거나 스티커를 붙이는 기능도 있어서, 재미있게 편집한 사진을 업로드하고 공유할 수 있습니다. 이것이 스냅챗의 AR 기능입니다. 사진이라는 현실을 조금 확장해서 재미있게 편집하는 것입니다.

인스타그램이나 페이스북 스토리에는 편집하지 않은 사진을 올리는 사용자들이 많아지고 있습니다. 반대로 스토리와 동일하게 24시간 만에 업로드한 사진이 사라져버리는 스냅챗에서는 사진을 편집해서 올리는 사용자들이 많습니다. 반대로 비리얼처럼 '지금 이 순간'을 촬영한 사진만 업로드할 수 있는 SNS도 존재합니다. 스냅챗과 비리얼은 둘 다 사진 공유 SNS이지만 이런 면에서 정반대라고도 할 수 있을 정도로 차이가 있습니다.

사진 편집 여부는 SNS를 활용하는 사용자층이 다르기 때문에 차이가 발생하는 것입니다. 페이스북은 사용자들의 연령이 높아짐에 따라 사진 편집 빈도가 낮아지는 데 반해, 스냅챗의 사용자들은 MZ세대가 중심이며, 스마트폰 네이티브 세대이기도 합니다. 스마트폰으로 사진을 편집하는 것이 일상이며, 멋지게 보이기 위해서라기보다는 재미를 추구하고 있는 것입니다.

'스냅챗 세대는 다른 세대에 비해 360도 영상, 모바일 게임, AR 등을 1.4배 이상 활용하고 있다'는 기사도 있습니다. 360도 영상이란 상하좌우 모든 방향에서 한 번에 촬영할 수 있는 카메라를 의미하며 '전방위 카메라'라고 불리기도 합니다. 전용 디지털카메라도 있지만, 스마트폰 카메라로 촬영할 수 있는 애플리케이션도 있습니다. 스냅챗은 이런 애플리케이션을 활용해서 360도 영상을 찍을 수 있게 한 것입니다.

모바일 게임이나 AR 등, 스마트폰으로는 다양한 활동을 즐길 수 있습니다. 스냅챗 세대란 바꾸어 말하면 스마트폰 네이티브 세대로, 일상생활에서나 놀이에서 언제 어디서든 스마트폰을 활용하는 세대입니다. 이 MZ세대, 스냅챗 세대의 행동이나 기호를 파악하는 것이 향후 SNS의 방향을 결정짓게 될 것입니다. 그러한 의미에서도 앞으로 몇 년 동안은 스냅챗 같은 시대를 반영하는 SNS가 성장할 것이라고 예상할 수 있습니다.

✅ 신흥 기업에서 배워야 할 점

다양한 통계 자료나 결산 보고서를 분석해 보면 GAFAM은 현재 기업 규모나 매출, 취급하고 있는 분야에서 빅테크라는 명성답게 테크놀로지 기업으로 강점을 보이고 있습니다. 그러나 페이스북 사례에서처럼 특정한 분야에서 두각을 드러냈다고 하더라도 시대의 흐름을 거스르지 못하고 실적이 하락하는 경우도 있었습니다. 사실 이러한 일은 업계에서 둘째가는 기업에서도 동일하게 발생합니다.

스냅챗은 페이스북을 대신하는 새로운 SNS로 주목을 받고 있으며, 비리얼이나 마스토돈처럼 트위터를 대신할 새로운 SNS를 목표로 하는 서비스도 등장하고 있습니다. 그러나 SNS에 특화된 이상 언젠가는 페이스북과 같은 길에 도달하게 될 것입니다.

페이스북은 SNS에서 메타버스로 중심을 옮기려 하고 있습니다. 스냅챗이나 비리얼 혹은 트위터가 페이스북과 동일하게 다른 서비스나 기능으로 이행할 수 있을지는 의문입니다. 그러한 의미에서 현재 GAFAM이나 테슬라 같은 빅테크 기업을 따라잡으려 하는 신흥 기업들에게 배워야 할 점이 많이 있습니다.

예를 들어 빈패스트(VinFast LLC)가 있습니다. 빈패스트는 CES 2023 회장에서 유달리 이목을 끌었던 베트남 자동차 업체입니다. 원래 베트남 최대의 재벌인 빈 그룹에 속한 기업으로 2017년에 자동차 제조업에 뛰어들기 위해 공장을 건설했고, 2019년부터 가동을 시작했습니다.

이 공장은 처음에 휘발유차를 생산했지만 2022년에 접어들면서 전기자동차나 전동 오토바이 등 EV만 만들기 시작했습니다. 같은 해에 해외 수출도 시작했습니다. 공장이 완성된 후 겨우 3년 만에, EV 차량 분야로 이행한지 1년도 되지 않았을 때 해외 수출까지 실현한 빠른 움직임은 GAFAM이나 테슬라 혹은 메르세데스 벤츠나 도요타 같은 대기업에서도 흉내 낼 수 없을 것입니다.

향후 EV 차량이 주류가 되면 하드웨어 분야의 차량이나 EV는 몇 년 뒤 수익을 창출하지 못하게 될 것입니다. 수익을 창출할 수 있는 분야는 EV 차량의 OS나 플랫폼, 중요 부품뿐일 것입니다. 하드웨어로 수익을 내고 양산화를 실현할 수 있는 업체들은 정말 조금밖에 남지 않을 것이라고 예상할 수 있는 상황입니다.

스마트폰 여명기에는 스마트폰 기기를 만들고 판매하는 업체들이 무수히 많았습니다. 그러나 지금은 중국에 일부 회사들이 남아있기는 하지만 대부분 시장에서 퇴출되고 말았습니다. EV 자동차도 동일한 상황입니다. 자동차의 하드웨어를 제조하고 판매하는 업체들은 머지않아 시장에서 밀려날 것입니다. 빈패스트 EV 차량의 경우, 엔진과 같은 중요한 부분은 유럽이나 미국에서 업계 최고의 디자이너들에게 구매하고 자동차 자체 디자인은 벤틀리나 BMW, 페라리, 벤츠, 람보르기니와 같은 고급 차량을 디자인하는 이탈리아의 유명 디자이너에게 의뢰하고 있다고 합니다.

신흥 기업이라고 해서 얕봐서는 안 됩니다. 신흥 기업의 완전히 새로운 방식이 GAFAM이나 테슬라의 발목을 잡을 수도 있습니다. 이런 일이 현실이 되는 날도 멀지 않을 수 있습니다. 빅테크 기업과 테슬라는 신흥 기업에게서 겸허하게 배워야 할 것입니다.

☑ 고객 중심에서 인간 중심으로

브래드 스톤이 저술한 『모든 것을 파는 가게(The Everything Store』

에 따르면 아마존 창업자 제프 베이조스는 이렇게 언급했습니다.

"우리는 진실로 고객 중심주의를 추구하며, 진실로 장기적인 시야를 가지고, 진실로 창의적인 아이디어를 중시할 것입니다."

베이조스가 아마존을 시작할 때부터 가장 중요하게 여긴 것은 '고객 중심주의'입니다. 그는 초심을 잃지 않도록 아마존 회의실 테이블로 '문과 같은 재질의 책상을 여섯 대' 놓아두었다고 합니다. 그 이유는 아마존을 창업했을 때 사무실로 사용했던 개조한 차고에서 목제 문을 책상으로 사용했기 때문이었습니다.

하지만 최근 몇 년 동안 테크놀로지 업계를 관찰해 보면 이러한 '고객 중심주의'에서 탈피하고 있는 것은 아닌가 하는 생각이 듭니다. 고객 중심주의를 추구하면 특정 고객들의 필요를 만족시키기 위해 그 이외의 고객들을 비롯해 종업원들, 지역 사회 사람들, 이해관계자 모두의 이익을 침해할 위험성이 있습니다.

이 폐해가 지적되면서 반동으로 인간 중심주의가 등장했습니다. 이는 고객뿐만 아니라 종업원이나 거래처, 지역 사회와 같은 모든 이해관계자를 중요시하는 사고방식입니다. 그러한 사고방식이 등장한 요인 중 하나로 지구 환경 변화를 들 수 있습니다. 전체 인구의 3분의 1이 넘는 MZ세대의 관심사 중 하나로 지구 환경 문제가 있습니다. SDGs 전반에 대한 관심도 높았고, 중요하다고 생각하는 사회 문제에 반하는 행동을 하는 브랜드의 상품은 구입하지 않는 경향도 보이고 있습니다.

이러한 MZ세대를 고객으로 삼기 위해서는 MZ세대가 과제라고 생각하는 문제에 대해 기업 측면에서 대응해 나가야 합니다. 그렇지 않으면 기업들이 제공하는 서비스나 제품에서도 등을 돌려버릴 가능성이 있습니다.

미국에서는 2021년 3월에 반 아마존의 선두에 있다고 알려진 철학자 리나 칸이 미국 연방 거래 위원회(FTC)의 위원으로 선발되었습니다. 리나 칸은 '아마존의 반독점법 패러독스'라는 논문에서 기존의 반독점법으로는 GAFAM을 단속할 수 없다고 주장했습니다. 리나 칸이 FTC 위원으로 선출되었기 때문에 GAFAM에 대한 규제가 더 엄중해질 가능성이 높아졌습니다.

물론 GAFAM이나 테슬라와 같은 빅테크 역시 기업이기 때문에 고객 중심주의를 추구합니다. 그러나 이러한 고객 중심주의에서 더 나아가서 인간 중심주의로 나아가는 것이 현재 가장 중요한 과제라고 할 수 있습니다. 인구의 최대 구성원이 되어가는 MZ세대를 사로잡기 위해서라도 서비스를 제공하는 자세 자체를 재검토해 보아야 할 시대가 된 것입니다.

✅ 디지털+그린+에퀴티 시대

GAFAM의 각 기업에는 자체적인 목표 또는 목적이 있습니다. 예를 들어 구글이라면 '전 세계 정보를 정리하고 세계 각지의 사람들이 접속해서 사용할 수 있도록 하는 것'이 목표입니다. 물론 이것은 구글이 표명하는 10가지 사실 중 하나로 구글 홈페이지에도 게재되어 있는 내용입니다.

아마존에서는 '세계 최대 셀렉션(biggest selection in the earth)'이라는 표현을 기업의 슬로건으로 내걸고 있습니다. 원래 베이조스는 '에브리싱 스토어'를 구상하고 있었으며, 무엇이든 구매할 수 있는 가게를 만들려는 꿈을 가지고 있었습니다. 테슬라는 '지속 가능한 에너지로의 전 세계적 전환을 가속화하자'는 목표를 내걸고 '인류를 구하는 것'을 궁극적인 목표로 삼고 있습니다.

GAFAM뿐만 아니라 어느 기업이나 경영자에게도 독자적인 목표가 있습니다. 그러나 GAFAM이나 테슬라와 같은 세계 굴지의 빅테크 기업은 새로운 세계관을 가져야 할 필요가 있습니다. 그것은 디지털 기술과 그린, 에퀴티(Equity)가 조화를 이루는 세계관입니다.

디지털화로 인해 사람들의 생활은 풍요로워졌고 편리해졌습니다. 반면에 편리성을 지나치게 추구했기 때문에 여러 가지 폐해도 발생했습니다. 이러한 폐해를 없애고 기후 변동이나 빈부 격차 같이 인류가 안고 있는 큰 문제를 해결하며 지구를 다음 세대에게 물려주기 위해 국제연합 정상회의에서 SDGs가 채택된 것입니다.

SDGs 17개 목표 중 탄소중립이나 에너지의 효율적 활용 같은 목표는 디지털화를 통해 개선을 꾀할 수 있습니다. 테슬라처럼 태양광 발전을 통해 클린 에너지를 생성하고 축적해 모빌리티에 이용하는 클린 에너지 에코 시스템을 만들려는 기업도 있습니다. 이것은 SDGs의 목표 중 하나인 '기후 변동에 구체적인 대책을 세우는 것'에 대한 해답이 될 것입니다.

디지털 기술과 그린에 더해 에쿼티가 필요합니다. 에쿼티는 '공평', '공정' 등으로 번역되는 단어입니다. 얼핏 보기에는 경제 활동이나 기업과는 관련이 없어 보이지만 기업에서 제공하는 상품이나 서비스를 통해 고객이 풍요로워질 수 있다면, 그러한 풍요로움은 같은 대가를 지불하는 모든 사람에게 평등하게 제공되어야만 합니다.

이 점은 SDGs에서 말하는 성평등이나 다양화로 이어집니다. 에쿼티는 각각의 사람들에게 적합한 리소스를 할당해서 누구에게나 평등하게 같은 기회를 제공하는 것입니다. 이 '디지털+그린+에쿼티'가 조화를 이루는 목표를 내걸었을 때 GAFAM이나 테슬라는 보다 강력한 기업으로 성장할 수 있을 것입니다.

☑ GAFAM 제국의 존망

이 책에서는 '빅테크'라고 불리는 GAFAM과 테크놀로지 분야에서 강점을 가지면서 클린 에너지 에코 시스템을 구축한 테슬라를 예로 들어, 이 기업들의 현재 상태와 장래성 그리고 문제점과 다음 세대로 이어질 빅테크 기업에 대해 상세하게 설명했습니다.

지금 빅테크는 큰 전환기를 맞이하려 하고 있습니다. 코로나 사태와 그 뒤를 이은 코로나 부메랑 효과로 인해 지금까지는 본 적도 없을 정도의 대규모 인원 감축 사태가 발생했습니다. MZ세대가 등장하면서 서비스나 상품을 재검토해야 한다는 압박이 가해지고 있습니다. 게다가 지구 환경이 악화되면서 지구와 인류를 지키기 위해 SDGs를 세웠고, 이에 매진하는 것이 기업 과제가 되기까지 했습니다.

근시안적으로 말하자면 1980년대 전산화부터 1990년대 인터넷 그리고 2000년대 SNS와 모바일, 모빌리티로 이어지는 흐름은 테크놀로지 기업이 빅테크로 성장하기 위한 풍부한 영양분이 되었습니다.

물론 앞으로도 테크놀로지 기업을 윤택하게 성장시킬 '양분'이 어딘가에서 분명 생성될 것입니다. 혹은 테크놀로지 기업에서 자체적으로 양분을 생성할지도 모릅니다. 마치 문어가 자신의 다리를 먹는 것처럼 상품이나 서비스를 만들어내면서 성장할지도 모릅니다.

그러한 상황 속에서 AI가 등장했습니다. 아직 시작 단계에 지나지 않지만, AI를 둘러싼 치열한 경쟁이 시작되었습니다. 마이크로소프트와 구글은 AI를 탑재한 검색 분야에서 경쟁을 하고 있습니다. 그리고 마이크로소프트와 아마존은 클라우드에서 AI를 구축하는 서비스를 제공하고 있으며, AI에 반대했던 테슬라의 일론 머스크조차도 직접 AI 기업을 설립해서 챗GPT에 대항하려 하고 있습니다.

일찍이 로마 제국은 지중해 연안을 중심으로 히스파니아에서부터 게르마니아, 갈리아, 크리미아, 메소포타미아, 시리아, 페르시아 서부에 이르기까지 광활한 지역을 중심으로 한 대규모 영토를 지배했습니다. 이윽고 동서로 나뉜 이 제국은 서쪽은 로마를 중심으로, 동쪽은 콘스탄티노플을 수도로 각각 번영을 자랑했습니다. 그러나 세월이 지나면서 신흥 군사 세력에 의해 멸망했습니다. 서로마 제국이 멸망하기까지 1,200년, 콘스탄티노플이 몰락하고 동로마가 멸망하기까지 2,200년 동안 로마 제국은 서서히 쇠락해 간 것입니다.

지금의 GAFAM이 로마 제국과 같다는 의미는 아닙니다. 그러나 세상을 지배하는 대제국도 언젠가는 멸망하는 것처럼 GAFAM도 멸망을 맞이할 날이 올지도 모릅니다. 미국 사법부에서 제소한 사건이나 EU의 일반 데이터 보호 규칙처럼 이미 싹은 움트기 시작했습니다. GAFAM의 아성을 위협하는 신흥 기업, 특히 중국 테크놀로지 기업도 존재감을 키워가고 있습니다. 페이스북의 쇠락이나 구글의 광고 수입이 감소한 것처럼 GAFAM 내부에서조차도 위험을 알리는 소리가 들리기 시작했습니다.

로마 제국처럼 GAFAM도 멸망의 길을 걷게 될 것인지, 아니면 태세를 재정비해 계속해서 정점에 군림할 것인지, GAFAM의 존망은 로마 제국에도 뒤처지지 않을 만큼 눈을 뗄 수 없는 흥미진진한 테마이며, 광범위한 분야에 지속적으로 막대한 영향을 미칠 것입니다.